客运专线铁路 CRTSⅡ型板式无砟轨道水泥乳化沥青砂浆疑难问题解答

刘世安　刘东红　编著

中国铁道出版社

2010年·北　京

内 容 简 介

本书主要从材料、试验与检测、施工等方面，解答了客运专线CRTSⅡ型板式无砟轨道施工中出现的有关水泥乳化沥青砂浆方面的疑难问题。全书实践和理论相结合，通俗易懂，可供客运专线铁路施工人员学习和参考，具有较高的实用价值。

图书在版编目(CIP)数据

客运专线铁路CRTSⅡ型板式无砟轨道水泥乳化沥青砂浆疑难问题解答/刘世安，刘东红编著．—北京：中国铁道出版社，2009.2（2010.6 重印）

ISBN 978-7-113-09598-7

Ⅰ．客…　Ⅱ．①刘…②刘…　Ⅲ．轨道(铁路)-铁路工程-水泥-乳化沥青-沥青砂浆-问答　Ⅳ．U215.1-44

中国版本图书馆CIP数据核字(2009)第005259号

书　　名：客运专线铁路CRTSⅡ型板式无砟轨道
　　　　　水泥乳化沥青砂浆疑难问题解答
作　　者：刘世安　刘东红　编著

责任编辑：洪学英　　电话：(010) 51873656
封面设计：冯龙彬
责任校对：张玉华
责任印制：李　佳　郭向伟

出版发行：中国铁道出版社 (100054,北京市宣武区右安门西街8号)
网　　址：http://www.tdpress.com
印　　刷：北京鑫正大印刷有限公司
版　　次：2009年2月第1版　　2010年6月第2次印刷
开　　本：850 mm×1168 mm　1/32　印张：4.5　字数：107千
书　　号：ISBN 978-7-113-09598-7/U·2427
定　　价：18.00元

目前，我国高速铁路的建设高潮已经来临，建设高速铁路是我们铁路人孜孜追求的夙愿。建设好高速度、高安全、高舒适度的高速铁路是我们铁路建设者的责任和面临的紧迫任务。无砟轨道是以混凝土与砂浆弹性层取代散粒道砟道床而组成的轨道结构形式，它具有良好的稳定性、平顺性和耐久性，道床整洁美观，是当代高速铁路的必然选择。水泥乳化沥青砂浆层作为无砟轨道的重要组成部分，主要起到填充、支撑、承力和传力的作用，并可为轨道提供一定的刚度和弹韧性，它决定了无砟轨道的成败。因此，必须深层次地对水泥乳化沥青砂浆各性能进行研究，以满足无砟轨道的需要。

在水泥乳化沥青砂浆配制与施工过程中经常会遇到一些疑难问题，往往在技术条件、培训资料中很难找到解决方法，相关文献资料很少且未必有针对性，初涉水泥乳化沥青砂浆的工作者对遇到的一些疑难问题往往无从下手，编者虽然对水泥乳化沥青砂浆的认识仍处在初级阶段，但作为从事水泥乳化沥青砂浆工作起步相对稍早者，如果能给大家带来一点点帮助，我们会感到非常欣慰，因此在总结了Ⅱ型板式无砟轨道用水泥乳化沥青砂浆配制和工程实践经验与教训的前提下编写了本书。本书力求简明、实用，提出众多疑难问题并给予阐述释疑，旨在从事本工作的广大技术人员对水泥乳化沥青砂浆有个初步的认识，并在实际工作中不断的总结完善，形成具有我国自主知识产权的水泥乳化沥青砂浆配制与施工技术。

在水泥乳化沥青砂浆配制和工程实践中，得到梁毅教授级高级工程师的极大关心和指导，得到了德国博格公司克里斯托夫·切尔纳先生的鼎力相助，得到了中国铁道科学研究院谢永江教授、郑新国副研究员、黄丹高级工程师的现场指导，在水泥乳化沥青砂浆的工程验证试验中与吕现明处长、刘新福博士、庞尔林高级工程师进行了愉快的合作，在此一并表示感谢！

水泥乳化沥青砂浆配制与施工在我国是刚刚起步的一项新技术，目前仍在不断创新与完善中，因此本书的一些观点就不免存在片面性，加之编者对水泥乳化沥青砂浆的认识有限和水平不足，书中的不当之处，敬请指正！

编　者

2008年12月25日

第一篇 材 料

第二篇 试验与检测

第三篇　施　工

第四篇　附　　件

第一篇

材　料

1. 选择干料中的砂子时为什么要选择需水量尽量小的砂子？

答：需水量是反映材料表面从无光泽的微湿转变到发亮表面时的用水量，是材料消除表面张力、重新分配成有特性的最密实状态时的用水量（需水量检验方法见附件四）。当砂子需水量小时，材料表面达到自由滚动时需要的用水量就小，水泥乳化沥青砂浆中用于促使砂浆产生流动的用水量就少，达到新拌水泥乳化沥青砂浆的流动性能时，砂浆中的自由水及水泥乳化沥青砂浆中硬化后出现的连通毛细孔就会减少，这对水泥乳化沥青砂浆的强度和耐久性十分有利；当砂子的需水量大时，砂子表面达到自由滚动时需要的用水量大，在新拌水泥乳化沥青砂浆中促使砂浆产生流动的用水量就大，当达到新拌水泥乳化沥青砂浆的流动性能要求时，砂浆中会有比较多的自由水，一旦干料的级配发生变化还会出现离析，且水泥乳化沥青砂浆硬化后，就会在砂浆中出现连通的毛细孔，降低砂浆的强度和耐久性。因而，在选择干料中的砂子时要尽量选择需水量小的砂子。

2. 为什么要求干料中砂子的最大颗粒小于 1.18 mm？

答：从颗粒的滚动效应看，材料呈圆形时，滚动效应最好，砂子的颗粒偏小，其颗粒外观越接近圆球状。在一定范围内，单位体积内的圆球数量越多越易于滚动，随着颗粒粒径的增大，滚动效应变差；另外，我们要求水泥乳化沥青砂浆是均匀的，砂子在水泥乳化沥青砂浆中不能形成颗粒梯度，即不同颗粒在整个砂浆中的分布应是均匀的。砂子的颗粒小，砂浆的均匀性就好，砂子颗粒大，砂浆的均匀性就差些。当砂子的颗粒小于 1.18 mm 时，其比表面积相对较大，流态的水泥乳化沥青砂浆的黏度能明显降低由于砂子自重产生的沉淀，有效地保证了砂浆的均匀性。

3. 在干料的颗粒结构中，为什么要求小于等于0.15 mm的颗粒应占质量的40%～50%？

答：干料颗粒结构中小于等于0.15 mm的颗粒主要是水泥和惰性物质。其中占绝大部分质量的水泥是确保水泥乳化沥青砂浆强度的主要成分，另一部分水泥和惰性物质除保证砂浆的流动性（在砂浆的流动状态）外，还使浆液有一定的稠度（黏度），克服大颗粒砂子下沉而产生分层（颗粒梯度）现象。大量的试验证明，当0.15 mm的颗粒在40%～50%时，新拌砂浆的拌和物性能良好，砂浆在灌注过程中不会产生离析和分层；当0.15 mm的颗粒小于40%时，砂浆黏度差，呈离散状，且在放置一定时间后会有少许泌水；当0.15 mm的颗粒大于50%时，砂浆的需水量明显增加，黏度增加，流动时间过长，不易填满板下较小的缝隙。

4. 当干料中小于等于0.15 mm的颗粒质量满足大于40%的要求，而水泥乳化沥青砂浆的弹性模量超过技术条件规定的上限（10 GPa）要求时，如何解决？

答：水泥乳化沥青砂浆是CRTSⅡ轨道板和水硬性支承层/底座板间的连接层，是为了填充精调以后的轨道板与水硬性支承层/底座板之间孔隙的一种特殊填充材料。水泥乳化沥青砂浆是承受列车冲击的重要减振层，因此，水泥乳化沥青砂浆必须保证一定的弹性模量。在CRTSⅡ型无砟轨道结构中，水泥乳化沥青砂浆的弹性模量要求是7～10 GPa，如果在试配中弹性模量大于10 GPa，则可以通过下列方法解决：

（1）调整配方中乳化沥青用量。乳化沥青在水泥乳化沥青砂浆中的作用主要是解决砂浆的抗疲劳性，同时它对降低砂浆的弹性模量起着关键的作用。通过大量试验表明，增加乳化沥青的用量可以有效地降低砂浆的弹性模量。

(2) 调整干料配方中的水泥用量。水泥乳化沥青砂浆的强度主要是由水泥水化产生的，降低砂浆中的水泥用量可以降低强度，同时也可降低一定的弹性模量。

(3) 保证一定的含气量。技术条件中要求水泥乳化沥青砂浆的含气量小于10%。砂浆中有一定的含气量有利于水泥乳化沥青砂浆的抗冻融。当含气量过低时，水泥乳化沥青砂浆抗冻性能就会降低。含气量不仅影响砂浆的冻融性能，对弹性模量也有一定的调节作用。含气量大弹性模量小，含气量小弹性模量大。

在配方的设计过程中，一般可以采用三种方法相结合的方式进行调整，以满足弹性模量的技术条件要求，选择最合理的一个解决方案。

5. 在选择干料中的砂子时，应选择机制砂还是天然砂？

答：机制砂和天然砂最大的区别在于它们的颗粒外观形状和表面的粗糙度不同。

机制砂是指由机械破碎、筛分制成，粒径小于4.75 mm的岩石颗粒，但不包括软质岩，风化岩石的颗粒。一般来说，机制砂的粒型多呈三角体或方矩体，表面粗糙，棱角尖锐。

天然砂是指由自然风化、水流搬运和分选、堆积形成的粒径小于4.75 mm的岩石颗粒，其颗粒浑圆，表面光滑。

从以上的两种砂可以看出，采用天然砂要优于机制砂。首先，天然砂的颗粒形状呈球体状，滚动性能好，其次天然砂在风化的搬运过程中造就了光滑的表面，有利于流动。机制砂颗粒形状呈三角形或方矩形，且表面粗糙，滚动摩擦大，流动性能差。为满足水泥乳化沥青砂浆的高流动特性，要求砂子的颗粒表面光滑，呈滚动的球状，从这个意义上讲，天然砂优于机制砂。但天然砂的颗粒咬合差，且细颗粒中软弱颗粒相对较多，机制砂颗粒咬合性好，级配组配容易，缺点是流动性能差，石粉含量大。在实际的生产中可采用机制砂和天然砂组成的混合级配砂。

综上所述，选择砂子时，应优先选用天然砂，当天然砂难以满足工程量要求时，可选用混合砂。在选用混合砂时，必须考虑技术上的可行性。

6. 为什么干粉用水泥采用硅酸盐水泥？

答：硅酸盐水泥，称之为波特兰水泥，它诞生于 19 世纪。凡是由硅酸盐水泥熟料、0～5% 石灰石或粒化高炉矿渣，适量石膏磨细制成的水硬性胶凝材料称为硅酸盐水泥。硅酸盐水泥分为两种类型：Ⅰ型硅酸盐水泥是不掺加混合材料，代号为 P·Ⅰ，如 P·Ⅰ42.5；Ⅱ型硅酸盐水泥是掺加不超过水泥质量 5% 的石灰石或粒化高炉矿渣混合材料，代号为 P·Ⅱ，如 P·Ⅱ42.5。

我国在此基础上对水泥进行了发展，目前使用量最大的水泥是普通硅酸盐水泥（普通水泥），同时还有各种不同名称的特种水泥。

水泥种类如此众多，为什么在水泥乳化沥青砂浆中要选用硅酸盐水泥呢？首先，这主要是硅酸盐水泥中没有其他掺合料或掺合料较少，在选择外加剂、消泡剂等添加剂时考虑影响成分比较单一，水泥对水泥乳化沥青砂浆性能产生影响的因素将大大降低，有利于砂浆性能的调整，其他水泥究竟掺加了什么掺合料，一般来说只有水泥厂清楚，使用单位并不明白，这样在配制水泥乳化沥青砂浆和调整砂浆性能时就有很大的障碍；其次是硅酸盐水泥早期水化程度快，水泥乳化沥青砂浆灌板后强度提高得快，能在较短的时间内撤出精调爪，缩短精调爪的循环周期，便于施工组织。因此，水泥乳化沥青砂浆用水泥采用硅酸盐水泥。

7. 干料中添加膨胀剂的作用是什么？如何确定膨胀剂的用量？

答：由于水泥乳化沥青砂浆是填充精调后的轨道板与水硬性支承层/底座板之间空隙的一种特殊填充材料，因此，达到充分填充是水泥乳化沥青砂浆的最主要的特性。对砂浆来说，在硬化过程中，一般都不可避免地会产生失水收缩现象，为了避免由于收缩造成水泥乳化沥青砂浆填充不充盈，必须通过添加膨胀剂来弥补收缩。

添加膨胀剂的用量要通过试验确定。一般来说，干料的膨胀率要控制在0～3%，拌制成的水泥乳化沥青砂浆的膨胀率要达到0～1%，属于补偿收缩性微膨胀砂浆。

虽然对干料及水泥乳化沥青砂浆膨胀率，试验室进行了测定，并满足技术条件的规定，但笔者认为仍然要通过砂浆灌板的工程验证试验来决定。通过工程验证试验对膨胀量做出相应的调整以满足膨胀率的要求。

高速行驶的列车对线路的平顺性提出了更高的要求，轨道板（CRTSⅡ轨道板）精调作业的作业限差仅为0.5 mm。在规范中，要求水泥乳化沥青砂浆的膨胀率为0～2%，但由于砂浆厚度为2～4 cm，所以垫层水泥乳化沥青砂浆的膨胀率应控制在0～1%，即最大膨胀量小于0.4 mm。水泥乳化沥青砂浆灌板后板与板间的顺接一定要控制在规定的范围内，否则将会影响到列车行驶的安全性和旅客的舒适性。

8. 如何确定干料的级配曲线？

答：干料的级配是指干料中各级粒径大小颗粒的分布混合情况，级配好的干料主要体现在以下几个方面：较小孔隙率且总比表面积小，有利于减少干料需水量，有适宜含量的细颗粒以满足砂浆工作性的要求。

干料是水泥乳化沥青砂浆的重要组成部分，干料的颗粒组成对水泥乳化沥青砂浆的性能影响很大，干料颗粒级配曲线的好坏直接影响到水泥乳化沥青砂浆的成败。

干料的组成一般情况下是由不大于1.18 mm的砂子、硅酸盐水泥、膨胀剂和其他惰性物质组成。确定干料的级配筛子分别有1.18 mm、0.6 mm、0.3 mm、0.15 mm和0.075 mm五种规格。水泥乳化沥青砂浆的强度主要是由硅酸盐水泥的强度决定的，砂浆的状态是受这些材料共同作用的影响的。

确定干料的级配曲线应从以下几个方面来考虑：

第一，确定干料中硅酸盐水泥的品种和比例。从我国的水泥现状看，一般情况下，P·Ⅱ硅酸盐水泥相对于P·Ⅰ硅酸盐水泥更常见一些，因此，干料中采用的水泥一般都用P·Ⅱ硅酸盐水泥。当然，采用P·Ⅰ硅酸盐水泥会更好，因为P·Ⅰ硅酸盐水泥中没有任何矿物掺合料，对干料的性质更容易控制一些。而水泥的用量，可以根据干料的强度来确定，原则上不要采用太多的水泥，否则砂浆的强度会过高，同时也会增加砂浆的弹性模量，这是不利的，也是不经济的。其二，对不同品种的水泥要进行比选，一般选择需水量相对小的水泥，需水量小对降低整个砂浆的用水量将产生积极的作用。其三，要进行水泥适应性试验，只有满足适应性要求的水泥才能配制出合适的水泥乳化沥青砂浆。

第二，对干料级配的确定应通过试验来选择。原则上说，小于0.15 mm的部分要控制在40% ~50%，1.18 mm以上的颗粒为零。但仅仅满足这一点是不够的，还要对组成级配的其他颗粒粒径的百分含量进行限制，组成不同的级配曲线。通过试验室试拌后，找到扩展度最大的那个曲线作为基本的控制曲线。扩展度最大时干料的需水量也就最小。

第三，找出基本曲线后，还要制作偏离基本曲线一定范围（一般为0 ~3%）的偏差曲线，并通过制备水泥乳化沥青砂浆衡量偏差曲线对砂浆的影响程度，确定曲线级配的偏差范围。

确定了基本曲线及曲线级配范围后，就可对干料及水泥乳化沥青砂浆的各项指标进行检测，必须完全符合技术条件的要求。

9. 如何确定干料级配曲线范围？偏离程度控制在什么范围较为合理？

答：干料的级配曲线确定以后，干料生产厂家对干料生产就有个大致控制的依据，施工单位对干料进场的控制也有了检测的依据。但是，我们确定干料的标准级配曲线只是一些点，实际生产和检验中，采用一个点控制是不现实的，因此，还需确定一定的级配曲线范围才能对级配进行有效的控制。

那么，如何确定干料级配曲线的控制线呢？由于最佳的级配受干料中砂子的颗粒形状、表面状况及水泥乳化沥青砂浆的配方等诸多因素影响，所以应结合实际情况去制定适合的级配曲线范围。在《客运专线铁路 CRTS Ⅱ 型板式无砟轨道水泥乳化沥青砂浆暂行技术条件》(科技基〔2008〕74 号)中对干料有级配要求，但笔者认为级配范围还是过大，它是合格干料的必要条件，但不是充分条件。

在配方设计过程中，一般工作程序都是先选择原材料，后制定一定的配方设计程序来进行配方的确定。因此，我们也只能结合室内试拌的结果确定干料的级配曲线范围，主要考查干料的强度指标和工作性(拌和物性能)，重点考查砂浆的分层情况。

通大量的试验，笔者认为在基准级配曲线确定以后，级配曲线的上、下限可以分别控制在表 1 范围(仅作参考)内，既满足拌和物性能指标的要求，又能满足干料运输、储存不离析的要求。

表 1

粒径（mm）	1.18	0.6	0.3	0.15	0.075
误差（%）	±1	±2	±2	±3	±2

10. 干料的物理、力学指标如何？它的意义是什么？

答：干料的性质分为物理和力学性能两大类，其具体要求见表2。

表 2

序 号	检验项目		验收标准
1	干料中水泥品种		P·Ⅰ/P·Ⅱ 42.5
2	干料中水泥用量（kg/m^3）		≥400
3	干料进场温度（℃）		<30
4	扩展度（mm）	5 min	≥160
		30 min	≥150
5	膨胀量（%）		0～3
6	凝结时间（min）	初凝	>120
		终凝	180～360
7	抗压强度（MPa）	1 d	>12
		28 d	>35

注：（1）水灰比采用0.58检测。
（2）一定要注意，干料膨胀率满足0～3%是个考查值，最终要满足水泥乳化沥青砂浆膨胀率。当干料膨胀率不满足要求而水泥乳化沥青膨胀率满足要求时，可对此值不作要求。

从表2可以看出，干料的物理性能对水泥乳化沥青砂浆的工作性将产生影响，干料的扩展度将对水泥乳化沥青砂浆的扩展度产生影响，干料的膨胀量将决定水泥乳化沥青砂浆的膨胀量。但它们的关系不完全是线性关系。

11. 为什么要对干料的温度进行强制性的规定？

答： 温度是影响水泥乳化沥青砂浆的重要因素之一，对水泥乳化沥青砂浆的工作性将会产生较大的影响。温度变化的影响虽然在一定的范围内可以通过调整外加剂的用量解决，但对于温度变化较大时引起的砂浆工作性的改变就不能有效地调整。同时，水泥乳化沥青砂浆中干料和乳化沥青是其中比重最大的两大成分，它们的温度决定了水泥乳化沥青砂浆的成品温度。经过大量试验和实践证明，水泥乳化沥青砂浆温度大于30℃后同小于30℃的状态有着明显的区别，最为明显的是初始扩展度和30 min扩展度变化最大。那么，对于干料来说，其温度不应大于35℃的要求是必须严格执行的。在产品采购时就应对厂家的干料出厂(进场)温度进行有效的控制。

由于干料在生产过程中，一般都是先对采购的坯料进行烘干后进行初次筛分，并储存在不同的储料罐中，然后再进行配料生产。这样，就要求坯料在烘干筛分后能有效地将温度降低到35℃及以下，再进行配料生产，或设置成品储藏放置仓，否则生产出的干料温度将超过规定温度。同样，成品干料的储存，当采用袋装时，可以不对坯料烘干筛分后的温度进行严格控制，通过存储慢慢降温。当采用散装时，如生产环境温度能保持在30℃以下，可以保证干料的出厂温度在规定要求之内；如环境温度在30℃以上时，就应对坯料储存环境采取措施。

12. 对水泥乳化沥青砂浆拌和用水有什么要求？

答： 自然界存在的水，含有可溶或悬浮各种物质，含有钙或镁的离子，pH值也不尽相同。这些因素都可能引起乳化沥青的过早破乳，对水泥乳化沥青砂浆的反应产生不利的影响。因此，水泥乳化沥青砂浆拌和用水要求具有饮用水的标准。

在确定水源后，由于水中不可避免地会含有一定的矿物离子存在，因此，在室内试配时，应采用现场确定的水源来进行相关的试拌，而不能用洁净水或蒸馏水来进行。要保证与现场条件的一致性，这样可以降低室内试验、工程验证试验及正式施工引起的误差。

已确定的水泥乳化沥青砂浆配方在使用时，应注意保持使用水的稳定性，不得随意更换水源。也就是说，就算新换的水源能达到饮用水的标准，也要先经过室内试验和砂浆车试拌试验，证实不会引起水泥乳化沥青砂浆配方出现大的变化，防止造成水与水泥乳化沥青砂浆中的组成成分出现不相容的现象。

13. 对水泥乳化沥青砂浆外加剂有什么要求？

答：外加剂(一般指减水剂)是水泥乳化沥青砂浆的重要组成成分，其决定着整个水泥乳化沥青砂浆的状态和性能，是不可或缺的一部分。

水泥乳化沥青砂浆的外加剂要使用减水率高、扩展度损失小、质量稳定的产品。产品要通过配方的试拌对温度进行适应性检验，以验证其效果和掺量，一般选用聚羧酸类减水剂为宜。除不得引气外，其他指标均应满足相关技术条件要求。

由于外加剂在水泥乳化沥青砂浆中起到调节工作性的作用，所以，要保证一定的减水率，一般情况下，外加剂的减水率要达到 25% 以上，但不宜太高，以不超过 35% 为宜。外加剂减水率太高不利于实际施工时现场新拌砂浆状态的调整，对计量精度要求会更高。外加剂的减水率太小，外加剂用量会增加，要求设备的外加剂容积更大。由于目前开发的移动式砂浆搅拌车外加剂容积有限，掺量太大会受到制约。其次，外加剂要能保证砂浆在一定时间内保持扩展度的稳定性能，针对不同的原材料要有一定的适应性，同时，能保证水泥乳化沥青砂浆的初始状态和 30 min 的状态不出现较大的改变，但也不得过于缓凝而造成水泥乳化沥青砂浆出现较长时间不能凝结。

水泥乳化沥青砂浆外加剂的用量要控制合理，满足现场外加剂的调整和移动式砂浆搅拌车的要求。

14. 乳化沥青在砂浆中起什么作用?

答: 严格地说，乳化沥青是水泥乳化沥青砂浆中最关键的一种材料，水泥乳化沥青砂浆出现各种不利的情况，一般都与乳化沥青有很大的关系。

乳化沥青属高分子化合物，它同砂浆基材的结合是通过沥青破乳和基材进行的物理粘接。按照Ⅱ型板式无砟轨道水泥乳化沥青砂浆的作用机理，沥青属填充砂浆孔隙材料，由于沥青固有的柔性性质，它在砂浆中主要起到以下三个作用：一是能够有效地降低砂浆的弹性模量，二是加大了砂浆的抗疲劳能力，三是调节水泥乳化沥青砂浆的施工状态。

由于乳化沥青本身的性质，其在水泥乳化沥青砂浆中不参加反应，只起到一个物理粘结作用。乳化沥青在水泥乳化沥青砂浆中主要是调节砂浆的整体柔性和抗疲劳性能，并在一定程度上影响到水泥乳化沥青砂浆的工作状态，它对水泥乳化沥青砂浆的工作性影响是巨大的。乳化沥青性能不好，不管怎样调整其他材料的性质，也不能有效地解决其对水泥乳化沥青砂浆工作性的影响。因此，选择一个不错的乳化沥青是进行水泥乳化沥青砂浆配方设计的最关键的一步。同时，在现场施工时，如果环境等条件发生了一定的变化，通过对乳化沥青进行微调(如调节稳定剂、乳化剂等)是解决配方不适应的一个关键方法。

15. 为什么 CRTSⅡ型轨道板垫层砂浆采用阴离子乳化沥青?

答: 乳化沥青是以沥青为分散相，水为连续相，依靠乳化剂的电荷而形成相对稳定的乳化液。阳离子乳化沥青微粒带有阳离子电荷，当与骨料表面接触时，由于异性相吸的作用，沥青微粒会吸附在骨料表面。阴离子乳化沥青的微粒带有阴离子电荷，当乳液与水泥微粒接触时，由于异性相吸的作用，沥青微粒会和水泥微粒牢固结合。

水泥乳化沥青砂浆主要的胶凝材料是水泥，而水泥在干料中占40%左右，水泥用量是比较大的，这主要取决于Ⅱ型板式无砟轨道水泥乳化沥青砂浆高强度(>15 MPa)的要求。浆液的强度决定砂浆的强度，浆液是水泥和乳化沥青的混合体，两种材料的紧密结合才能提高浆液的强度，从而提高水泥乳化沥青砂浆的整体强度，因而 CRTS Ⅱ型轨道板垫层砂浆采用阴离子乳化沥青。对于强度比较低、水泥用量小的水泥乳化沥青砂浆而言，乳化沥青同骨料的结合更为重要，采用阳离子乳化沥青更适合。

16. 消泡剂的作用机理是什么？如何选择消泡剂？

答：消泡剂主要是消除水泥乳化沥青砂浆在搅拌过程中产生的各种气泡，同时不破坏整个砂浆的稳定性。消泡剂具有化学和界面化学消泡作用。消泡剂“抑泡”、“破泡”的作用机理是当体系加入消泡剂后，其分子杂乱无章地广布于液体表面，抑制形成弹性膜，即终止泡沫的产生。当体系产生泡沫后，加入消泡剂，其分子立即散布于泡沫表面，快速铺展，形成很薄的双膜层，进一步扩散、渗透，层状入侵，从而取代原泡膜薄壁。由于其表面张力低，会流向产生泡沫的高表面张力的液体，这样低表面张力的消泡剂分子在气液界面间不断扩散、渗透，使其膜壁迅速变薄。泡沫同时又受到周围表面张力大的膜层强力牵引，致使泡沫周围应力失衡导致其“破泡”。不溶于体系的消泡剂分子，再重新进入另一个泡沫膜的表面，如此重复，直到所有泡沫全部覆灭。

消泡剂品种繁多，有低碳醇、矿物油、有机极性化合物及硅树脂等。有机硅消泡剂系由硅脂、乳化剂、防水剂、稠化剂等配以适量水经机械乳化而成，其特点是表面张力小，表面活性高，消泡力强，用量少，成本低。它与水及多数有机物不相混容，对大多数气泡介质均能消泡。它具有较好的热稳定性，可在5℃～150℃的温度范围内使用；其化学稳定性较好，难与其他物质反应，只要配置适当，可在酸、碱、盐溶液中使用，无损产品质量。根据上述特点，水泥沥青砂浆一般都是采用有机硅油类消泡剂。

17. 消泡剂对水泥乳化沥青砂浆有什么影响？什么时候加入是最合适的时机呢？

答：由于消泡剂在砂浆中的消泡作用，所以不可避免地会对砂浆的体系产生一定的影响，主要表现在破坏乳化沥青的相对稳定性，使砂浆在施工过程中就发生变化，产生离析、分层和硬化。

从消泡剂的作用机理上可以看出，消泡剂主要的作用是“抑泡”和“破泡”。砂浆在搅拌时先加入消泡剂，我们希望它起到抑泡作用，而在搅拌结束后再加入时起到消泡的作用。那么什么时候加入消消泡剂是最合适的时机呢？

德国对BZM砂浆做了大量的试验，他们认为“消泡剂是砂浆的杀手”，其理由为消泡剂是破坏砂浆稳定状态的主要因素。他们要求主机在高速搅拌结束后加入消泡剂，然后再慢速搅拌到开始灌浆作业。这段时间都是消泡时间，在这一时间段内要求储存砂浆的容器要有一定的搅拌能力，即砂浆在容器中能保持搅拌器的转数降低到砂浆虽然还在转动，但是空气不会被搅入砂浆这个状态，给予砂浆足够的消泡时间。

在水泥乳化沥青砂浆的研发过程中，我们做了多种消泡剂的选择性试验。从试验结果看，先加入消泡剂的效果明显好于后加入的效果，在前期加入有明显的抑泡作用，同时后期也有一定的消泡作用。一般情况下，先加入消泡效果明显，不会对砂浆产生不利影响，后加入消泡效果很差。同一种消泡剂由于加入的时间不同，消泡效果相差 8% ~10%，我们分析产生差异的主要原因仍是消泡剂的因素。在实际应用中，消泡剂是先加还是后加，还需通过工程验证试验来确定最佳的掺入时间和掺入量。

另外，采用的搅拌工艺也会对砂浆中消泡剂的加入时间产生影响，这就要求具体情况要具体分析。

18. 水泥乳化沥青砂浆垫层在板式轨道中的作用是什么？应该如何理解？

答：水泥乳化沥青砂浆是 CRTSⅡ型轨道板和水硬性支承层/底座板间的连接层(如图 1 所示)，是为了填充精调以后的轨道板与水硬性支承层/底座板之间空隙的一种特殊填充材料。主要起到填充、支撑、承力和传力的作用，并可为轨道提供一定的刚度和弹韧性，是承受列车冲击的重要减振层。水泥乳化沥青砂浆的性能直接影响到列车运行品质、轨道结构耐久性和运营维护成本，是高速铁路建造的关键工程材料之一。

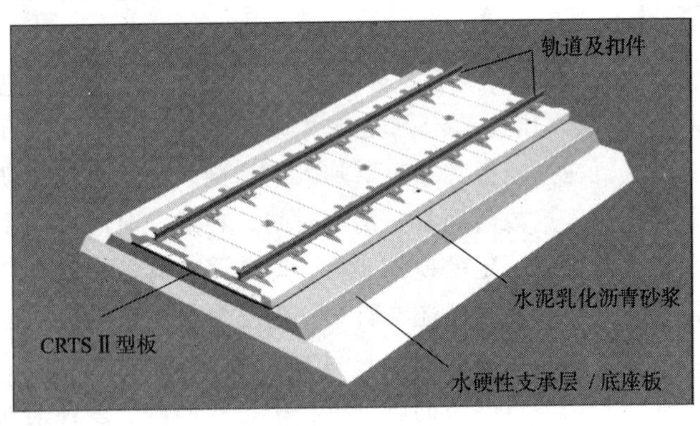

图 1　CRTSⅡ型板式无砟轨道结构

从水泥乳化沥青砂浆在无砟轨道中的作用看，笔者认为，最主要的作用应当是填充，且必须充盈，从而确保水泥乳化沥青砂浆垫层在 CRTSⅡ型轨道板系统中的承载连接作用。

第二篇

试验与检测

19. 为什么要求干料要有一定的膨胀量？如何检测？

答：一般来说，胶凝体硬化后会出现不同程度的收缩。水泥乳化沥青砂浆作为轨道板垫层是不允许出现收缩现象的，否则，精调后的Ⅱ型板灌注砂浆且硬化后就会失去原有的几何尺寸。工程上要求水泥乳化沥青砂浆不得收缩(微膨胀)，干料的膨胀在一定程度上决定着水泥乳化沥青砂浆的膨胀。由于要求水泥乳化沥青砂浆膨胀量要达到0～1%的微膨胀，因此，干料必须具有一定膨胀量来弥补水泥乳化沥青砂浆产生的收缩。

干料膨胀量的检测方法：用直径50 mm、高200 mm的透明量筒作为测试器具，用0.5的水灰比拌制干料砂浆。试验时，将圆筒竖立在一个无冲击和无振动的稳定试验台上，将干粉砂浆倒入量筒至一定高度(一般以200 mm左右为宜)，记录砂浆面的读数，静置24 h后，测量其高度，前后两次读数的差值除以前次读数的百分数即为膨胀率。

需要强调的是干料的膨胀满足技术条件要求后，还必须进行水泥乳化沥青砂浆的膨胀率试验，其膨胀率要满足技术条件的要求 。

20. 测定干料扩展度的意义是什么？

答：干料的扩展度是检测干料在一定水灰比(0.5)条件下，干料流动的能力(检验方法见附件五)，是干料需水量的反映。一般来说，要求5 min的扩展度大于160 mm，30 min的扩展度大于150 mm，这是对干料扩展度的基本要求。

影响干料扩展度的因素主要是水泥的品种和砂子的品种。水泥的需水量越低，则干料的扩展度越大；砂子的需水量越低，干料的扩展度越大。通过对不同材质砂子的试配检测，在级配相同的情况下，采用自然砂获得的扩展度比机制砂大，这主要是由于自然砂的形状更利于坍塌滚动。但并不是所有的自然砂都比机制砂的效果好，当它们的材质相差很大时，材质的影响将会对干料的扩展度产生影响，主要是砂子的水需要量不同。在实际工作中，有时天然砂的量不足，可能会采用机制砂，但用天然砂与机制砂进行复配效果会更明显。

21. 为什么要检验水泥和乳化沥青的相容(适应)性?

答：乳化沥青是一种有机化合物，干料中的水泥为无机结合物，水泥乳化沥青砂浆的整体稳定性取决于它们的相容（适应）性。

水泥乳化沥青砂浆的稳定性检测采用流动度检测仪进行，即拌好的水泥乳化沥青砂浆在 40 ℃的条件下，样品存放 4 h 之后，20 s 内至少应有 70 mL 通过流出黏度计，则可以认为合格。不合格时会产生油水分离的现象。

水泥乳化沥青砂浆材料选择时，必须进行水泥与乳化沥青的相容性检验，它决定了水泥乳化沥青砂浆的使用性能。如水泥和乳化沥青不相容，则在检测时就能观察到明显的油水分离现象，表现在乳化沥青上就是乳化沥青产生破乳，如图 2 所示。这样的材料制作的水泥乳化沥青砂浆虽然在拌和后的初期物理性能完好，但在放置一定时间(30 min)后，砂浆的物理性能就会发生较大的变化，最明显的变化是扩展度急剧变小，流动时间过长，或不能流动。

乳化沥青与水泥不相容，是砂浆的大忌，一定要彻底解决，否则配制的砂浆没有任何意义。建议在选择乳化沥青时，首先是做相容性检测，如果不相容，就要看是沥青本身的问题，还是乳化剂、稳定剂等选择上有问题。弄清问题的根源后，加以改正并要进行反复的试配确定乳化沥青的配方。如果经过反复的试验乳化沥青仍和水泥不能相容，就要重新选择乳化沥青，这一点尤为重要。

图 2　水泥与乳化沥青不相容

22. 为什么要检验干料和外加剂的适应性？

答：外加剂在水泥乳化沥青砂浆中主要是起减水和保持前期砂浆状态稳定性的作用。主要方法是通过对新拌砂浆温度（5 ℃ ~ 35 ℃）的适应性检测进行剂量和效果的验证。

为什么要对外加剂进行适应性检验呢？我们知道，掺外加剂的混凝土进行试配时，不同的外加剂对水泥的适应性是不同的。同一种水泥，不同厂家外加剂的表现差别很大，表现为坍落度损失大，有的在半小时时能从 20 cm 的坍落度损失到 0，这主要是外加剂中的成分有能促进水泥中的成分快速凝结反应的作用存在；同样，水泥乳化沥青砂浆也存在着外加剂和水泥、乳化沥青的相适应性的问题。外加剂和水泥、乳化沥青不相容性，同混凝土反映出的表象一样，主要表现为半小时的扩展度达不到280 mm要求。通过大量的试验我们发现，阴离子乳化沥青与醚类聚羧酸外加剂是不相容的，采用脂类聚羧酸基本能达到要求。

23. 为什么要对乳化沥青的固含量进行检验？

答：乳化沥青的固含量检验，实际上就是检测乳化沥青的蒸发残留物含量(乳化沥青的固含量检验方法见附件六)。

大家知道，乳化沥青是将黏稠的沥青加热至流态，经机械力的作用，而形成微粒(粒径约为2～5 μm)分散在有乳化剂—稳定剂的水中，由于乳化剂—稳定剂的作用而形成的均匀稳定乳状液。

乳化沥青主要是由沥青、乳化剂、稳定剂和水等成分所组成。沥青是乳化沥青组成的主要材料，沥青的质量将直接关系到乳化沥青的性能，因此，选择乳化沥青用的沥青时，首先要考虑它的易乳化性。以工程适用为目的，通常认为沥青中的沥青酸总量大于1%的沥青，采用通用乳化剂和一般工艺即易于形成乳化沥青。

乳化沥青的性能主要是由沥青的性能决定的，同时，乳化沥青决定了水泥乳化沥青砂浆弹性模量的大小，因此，检测乳化沥青的固含量(乳化沥青的蒸发残留物含量)就显得极为重要。固含量低(相对标准而言)，乳化沥青中的水含量增大，即使水泥乳化沥青砂浆的水灰比加大，降低了水泥乳化沥青的强度，影响了水泥乳化沥青砂浆的弹性模量。

在水泥乳化沥青砂浆中，对乳化沥青固含量要求为不小于60%。当检测结果的固含量在一定的范围时，只要乳化沥青的其他性能未变，可对水泥乳化沥青砂浆的施工配合比进行调整即可。但固含量太低，虽然乳化沥青可以使用，但我们可能花买沥青的钱买回来的是水，同时，也不利于施工配方的稳定。

24. 为什么要对乳化沥青的时效性进行验证？

答：乳化沥青是将沥青—乳化剂—稳定剂置于水中，经机械力的作用分裂为微粒径而形成的稳定的沥青—水分子散体。沥青—水分子稳定散体的作用机理有如下三个特征：

一是通过乳化剂降低界面张力，利用乳化剂两亲性物质的性质，使体系中非极性端朝向沥青，极性端朝向水，使沥青—水体系形成稳定的分散体。

二是稳定乳化沥青中双电层的作用。沥青微滴都带有电荷（电荷来源于电离、吸附和沥青微滴与水之间的摩擦），沥青—水界面上电荷层的结构一般是扩散双电层分布。双电层是由两部分组成：第一部分是单分子层，基本上固定在界面上，这层电荷与沥青微滴的电荷相反。这一层称为吸附层；第二部分是由吸附层向外，电荷由水介质中扩散，此层称为扩散层。乳化沥青的稳定性取决于吸附层和扩散层界面上的电动电位。由于每一沥青微滴界面都带有相同电荷，并有扩散比电层的作用，故沥青—水体系成为稳定体系。

三是乳化剂在降低表面张力的同时，在沥青微滴的周围形成界面膜，此膜具有一定的强度，对沥青微滴起着保护作用，使其在相互碰撞时，不会产生聚结现象而引起破乳。由于沥青微滴总是在不停的运动中，所以不可避免地会产生碰撞，在一定的条件（环境、温度、时间）下，部分沥青微滴在冲撞中，其能量会大于两个微滴之间的排斥力而聚集在一起。当相当数量的沥青微滴聚集在一起时，乳化沥青的性质将会发生改变，表现为破乳现象，影响乳化沥青的正常使用。

从上述的分析中可知，乳化沥青是一种暂时处于稳定的非稳定体系。当环境条件等因素发生变化时，稳定的体系失去平衡，乳化沥青就会破乳结块。乳化沥青的存储是有严格要求的，由于施工周期和材料储备条件的变化，对长时间存储、存储环境相对较差的乳化沥青，在使用前必须进行时效性验证。检验方法是通过对乳化沥青进行观测，乳化沥青表面有无出现白色的乳化剂析出，有无肉眼可见沥青粒子，必要时对新拌水泥沥青砂浆进行稳定性分析和硬化砂浆结构分析。

25. 如何进行水泥乳化沥青砂浆试验室试配？

答： 水泥乳化沥青砂浆的试配一般可以按以下程序进行：

1. 原材料的选择

（1）干料

对于水泥乳化沥青砂浆来说，干料和乳化沥青的选择是最关键的，而对于干料来说，干料用水泥是一开始进行配方设计中首先要考虑的。选择干料厂家时，要会同干料厂家一起确定所选用的水泥厂家，重点考查水泥厂产品的质量是否稳定。干料用砂子也要会同厂家确定砂子的来源、储量，必须能保证砂子质量的相对稳定性。

一般情况下，砂子的厂家应先确定三家以上，然后对砂子进行需水量试验，找出需水量最少的砂子作为首选。

砂子确定以后，开始做级配试验。级配试验在满足干料标准的前提下，确保砂浆不离析、不分层，级配曲线圆顺。当不能满足上述要求时，可以掺加惰性物质作为粉剂的补充。干料需检测：级配、新拌砂浆 5 min 和 30 min 的扩展度、膨胀量、1 d 和 28 d 的抗压强度和抗折强度（试件应在作检验前测量密度）、表观密度和初凝时间、终凝时间。

必须要注意的是，由于需水量试验是一个相对的指标，不同的人会做出不同的结果。因此，在选择原材料时就只能由一个人全部完成，这样才能有一个相对准确的数据供选择。

（2）乳化沥青

乳化沥青选择重点考虑：乳化沥青同水泥的相容性（适应性），固含量，同时考虑生产厂家的乳化沥青基材—沥青的储量及稳定性。

（3）外加剂

外加剂首先是考虑同水泥的适应性，同时考虑能保证砂浆工作性的稳定性。外加剂的选择相对来说较简单，一般选择脂类聚羧酸，减水率不可太大，但不能过小。掺量应选择在最大和最小临界量的中间，主要是考虑温度变化时对砂浆的调节余地。

（4）消泡剂

消泡剂的选择在室内试验时，可以暂不考虑。这是因为在室内试验时不会引入太多的空气，到进行工程验证试验时，要重点考查消泡剂的类型和掺入时间及用量。

2. 砂浆配方的确定

在原材料确定后，就可进行砂浆的试配试验。第一步，首先假定砂浆的容重，一般在 1 800 ~ 1 900 kg/m^3；其次，根据弹性模量指标的要求，乳化沥青的用量应在 200 ~ 300 kg/m^3；然后，在此基础上估计干料用量进行试拌，大体确定干料的用量范围。第二步，固定干料的用量，变化乳化沥青的量，通过水和外加剂调节砂浆的物理性能指标。每个配方都要制作试件，做容重测试，以便校准材料用量。第三步，作 1 d、2 d、3 d、7 d 的强度试验和 7 d 的弹性模量试验，找出 7 d 时最接近标准要求的配方。第四步，分析接近标准要求配方的材料用量，再通过调节材料的比例（主要是干料的比例），进行下一步。在分析时要结合强度和弹性模量指标进行，强度低，可增加干料中的水泥及水灰比调节，弹性模量高，可增加乳化沥青的用量调节。这样通过渐进逼近法找出砂浆工作性好、不离析、不分层、各种指标都能达到要求的配合比。

26. 水泥乳化沥青砂浆扩展度的要求是什么？为什么要作此规定？

答：水泥乳化沥青砂浆的扩展度是衡量水泥沥青砂浆的一个

非常重要的指标，反映了砂浆的坍塌滚动程度，直接影响砂浆的灌板成功和灌板质量。因此对水泥乳化沥青砂浆的扩展度作了如下的规定：$D_5 \geqslant 280$ mm 和 $t_{280} \leqslant 16$ s；$D_{30} \geqslant 280$ mm 和 $t_{280} \leqslant 22$ s。

为什么要作此规定呢？上述指标是根据大量的实践获取的。扩展度过小，水泥沥青砂浆在板下缝隙中很难流开，造成无法灌满板或在边角处不充盈；扩展度过大，砂浆极易产生离析，灌板后砂浆会出现粗颗粒集聚在下层，细骨料集聚在砂浆的上层。

但我们认为上述指标是合格砂浆的必要条件，而不是充分条件。换句话说，达不到上述指标，就配制不出合格的砂浆，达到上述指标配制的砂浆也未必合格。首先从 $t_{280} \leqslant 16$ s 和 $t_{280} \leqslant 22$ s 看，时间的范围很宽，不能以达到指标为目的，而是要通过调节指标进行工程验证灌板来衡量。

不同配方的适应性略有差别。根据我们以往的经验，初始 t_{280} 在 5 ~ 10 s 较为适宜，30 min 时 t_{280} 在 10 ~ 15 s 较为适宜。

27. 水泥乳化沥青砂浆的流动度要求是什么？它对灌板有什么影响？

答：流动度是衡量砂浆黏度的指标，它是以 1 L 水泥沥青砂浆流出 1 cm 直径通道孔所用的时间（水泥沥青砂浆流动度测试方法见附件八），黏度过大或过小都对灌板不利。因此，对水泥沥青砂浆的流动度要求是 100 s ± 20 s。这一指标是吸收了技术转让资料的指标，《客运专线铁路 CRTSⅡ型板式无砟轨道水泥乳化沥青砂浆暂行技术条件》（科技基〔2008〕74 号）也明确指出在实际施工中，如能保证板底砂浆饱满，可允许放宽对水泥沥青砂浆流动度的要求。这是因为水泥沥青砂浆材料选择的不同，流动度的差别会较大。只有当配方确定后，经室内试验和工程验证试验后确定最佳的流动度。根据我们的经验，流动度在 60 ~ 80 s 较为适宜。

那么流动度对灌板究竟会产生什么影响呢？

流动度时间过小，砂浆流出时间短，砂浆黏度小，灌板时浆液在板下缝隙中流动很快，会把大量的气泡裹在浆面和板间，出现大面积气泡(如图 3 所示)。

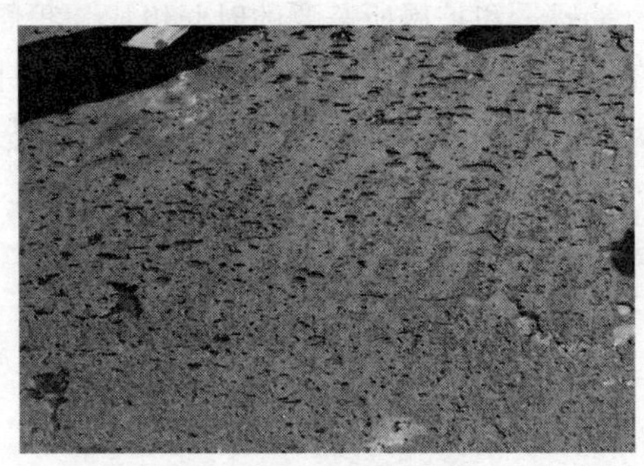

图 3 砂浆裹入大量的气泡

当流动度时间过长，砂浆流速慢，砂浆黏度大，在灌板作业时就容易造成不能有效充满整个板内空隙（如图 4 所示）。

图 4 流动时间长板未灌满

砂浆流动度不合适不是造成上述情况的唯一因素，在实际操作中要把流动度和扩展度相结合一并考虑。

28. 影响水泥乳化沥青砂浆扩展度的因素有哪些?

答: 水泥乳化沥青砂浆的扩展度指标，反映的是砂浆的流动扩展度，它由扩展量和扩展所需要的时间组成。我们要求砂浆灌板时，砂浆在板缝中流动时能以全断面整体向前推进的方式进行(如图 5 所示)。

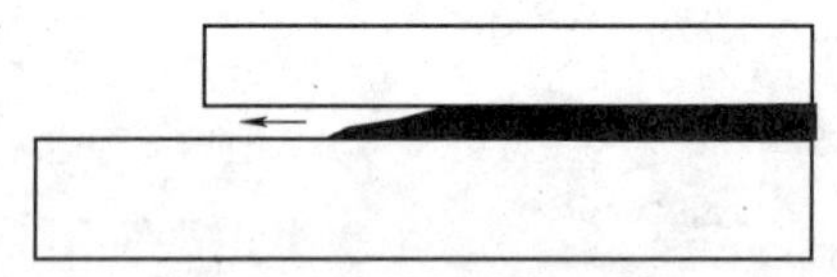

图 5　砂浆全断面流动

暂行技术条件中明确指出，水泥乳化沥青砂浆扩展度的要求是 $D_5 \geqslant 280$ mm，$t_{280} \leqslant 16$ s；$D_{30} \geqslant 280$ mm，$t_{280} \leqslant 22$ s。那么，是不是扩展度越大就越好呢？其实不尽然。当扩展度大于 320 mm 以上时，水泥乳化沥青砂浆流速将会加快，有可能会出现分层流动现象(如图 6 所示)。

图 6　砂浆分层流动

但当扩展度较小，小于 280 mm 以下时，就有可能会造成水泥乳化沥青砂浆不能有效充满整个轨道板(如图 7 所示)。

图 7　扩展度小于 280 mm

那么，影响水泥乳化沥青砂浆扩展度的因素有哪些呢？影响扩展度的因素主要与组成水泥乳化沥青砂浆的原材料种类性质、材料用量和流动性的要求等有关，具体如下：

1. 原材料的种类性质影响

(1) 干 料

干料是组成水泥乳化沥青砂浆的主要成分，在水泥乳化沥青砂浆中所占的比重也是最大的，它的性质将决定水泥乳化沥青砂浆的基本属性。在干料中，对水泥乳化沥青砂浆扩展度影响最大的是水泥的品种和用量及水泥的需水量。

由于水泥乳化沥青砂浆是由无机材料和有机材料的混合体，它们中的各种成分将会相互作用影响。引入的成分越多，引起不确定的变化更多，因此，采用不掺任何掺合料的 P·I 硅酸盐水泥(波特兰水泥)是一个不错的选择。但由于我国的水泥品种较多，P·Ⅰ硅酸盐水泥(波特兰水泥)相对而言产量较少，采用P·Ⅱ硅酸盐水泥是一个比较现实的选择。

由于不同水泥厂家生产P·Ⅱ硅酸盐水泥所用的原材料不尽相同，外掺料也不相同，所以水泥的性质也是千差万别。对于水泥乳化沥青砂浆来说，我们要选择的是那些水需要量小的产品。这是因为，水需要量越小，需要用于使水泥乳化沥青砂浆达到一定的流动扩展度所需要的水就越少，灌板产生气泡的机会将会降低，灌板成功的机会将增加。

(2) 乳化沥青

乳化沥青是水泥乳化沥青砂浆保证一定的弹性模量和抗疲劳性能的最重要组成部分，它的性质也是影响水泥乳化沥青砂浆的流动扩展度的主要因素。选择合适的产品是水泥乳化沥青砂浆流动扩展度和流动度的保证。对于乳化沥青来说，所用的乳化剂和稳定剂不同，将对其性质发生质的变化。我们要求乳化沥青要具有一定的黏度，同时还要保证乳化沥青具有稳定的体系。

(3) 水

水也是影响水泥乳化沥青砂浆扩展度的一个重要因素，只有达到一定的用量后才能使水泥乳化沥青砂浆具有流动性，同时控制水的用量也是保证水泥乳化沥青砂浆不产生离析的主要原因。

(4) 外加剂

外加剂的用量是调整水泥乳化沥青砂浆的主要手段。在施工过程中，在材料保持稳定、环境变化的情况下，我们可以仅仅通过调整外加剂的用量使水泥乳化沥青砂浆的扩展度达到我们要求的状况。

2. 环境影响

对同一个的配合比来说，最终的扩展度是基本稳定的。但是，在生产中产生的材料计量误差、环境发生变化等将对扩展度产生影响。我们在实际工作中，应先分清是由于计量原因造成了扩展度异常，还是环境因素变化造成了扩展度异常，或者材料本身发生了变化，这样才能对症下药，找到突破口，解决水泥乳化沥青砂浆出现扩展度异常的问题。

29. 导致水泥乳化沥青砂浆扩展时间长，而扩展度却很大的不匹配现象的原因是什么？

答： 虽然乳化沥青在水泥乳化沥青砂浆中的作用主要表现在对弹性模量的调整（标准要求为7000～10000 MPa）上，但是其性质决定了水泥乳化沥青砂浆的拌和性能和灌浆的质量。

经过大量试验我们发现，不同种类的沥青生产的乳化沥青对水泥乳化沥青砂浆的性质影响是很大的。一般来说，普通沥青制作的乳化沥青性能要低于改性沥青制作的乳化沥青，只有改变乳化沥青的性能才能改变水泥乳化沥青砂浆的扩展时间与扩展度不匹配的现象。当然要排除由于组成水泥乳化沥青砂浆的各组分之间不相容性的因素。

上述问题的出现，从根本上说，主要是乳化沥青的性质决定的，所以要从乳化沥青所用的原料中着手去解决。

30. 为什么水泥乳化沥青砂浆的扩展度满足要求，而流动度却不满足要求？如何解决？

答： 在试配中，水泥乳化沥青砂浆的扩展度满足要求，而流动度却不满足要求的现象是经常出现的。那为什么会出现这样的情况呢？

砂浆的扩展度主要是由于砂浆本身的流动性决定的，而砂浆的流动度是由生产乳化沥青的沥青的黏度和砂浆的状态共同作用的。在暂行技术条件中，砂浆的扩展度要求 t_{280}（砂浆扩展到280 mm时所用的时间）小于 16 s，我们在对此研发中，采用了 $D_5 \geqslant 300$ mm 和 $t_{300} \leqslant 18$ s 作为标准进行了研究。在试配时经常可以看到以下两种情况：

第一种情况是砂浆虽然扩展度为300 mm左右，但由于扩展到300 mm所用的时间较小，表现的现象是砂浆在瞬间就能到达300 mm后，基本就不再产生流动。这样的砂浆在检测其流动性时，其流动度往往会很小，大体在20 s左右。第二种情况是扩展度也较小，但t_{300}时间较长。表现为在检测扩展度时，砂浆从一开始就成一种慢速扩展的方式进行，逐渐扩展到300 mm左右，其对应的流动度也较大，一般可以达到140 s以上。但流动时间过长的砂浆往往会出现明显的分层梯度现象，即粗砂在砂浆的下层，呈干稠状，而上层为细砂和浆液，呈明显的液态状。

砂浆在检测中出现上述现象的原因应该是多方面作用的结果，但最主要的原因还是由于乳化沥青的性质决定的。

实践证明，通过调整乳化沥青的用量及配方组成是很难解决这一问题的，根治的办法是调整乳化沥青的性能，或更换乳化沥青。

31. 水泥乳化沥青砂浆试件在硬化过程中表面出现裂缝是什么原因?

答: 在制备水泥乳化沥青砂浆试件后，有时会出现试件表面开裂现象，这是为什么呢？此砂浆还能用于工程吗？

对这个问题从两个方面说起。第一，水泥乳化沥青砂浆在前期的硬化中，首先是部分水泥水化和乳化沥青的破乳，这些活动会使砂浆从液态向固态的发展。在发展前期，先是砂浆表面失去水分(乳化沥青破乳)形成硬壳，然后逐步向砂浆的内部发展。第二，为防止水泥乳化沥青砂浆的收缩，在砂浆用干料中掺加有膨胀剂。膨胀剂在水泥乳化沥青砂浆的硬化前期发挥作用，其主要机理是铝粉和水反应释放氢气使砂浆体积增大。如果外界温度过高，砂浆表面在较短的时间内将失去水分，使乳化沥青破乳而形成硬壳，此时砂浆内部仍为流塑态状，当膨胀剂释放氢气后，氢气上浮会冲破硬壳，从而在砂浆试件表面产生裂缝。

综上所述，形成试件表面开裂的主要原因是外界温度过高，或砂浆试件暴露在干燥的空气环境中。

那么，这样的砂浆能否用于工程中呢？首先加强试件的养生，试件表面不再出现开裂现象，这样的砂浆可用于工程中。如果砂浆入模后放置在标养环境下，仍然出现裂缝，这样的砂浆不建议用于工程，而要进行裂缝的原因分析，再进行试配解决问题。

32. 扩展度大，灌板顺利，为什么不追求大扩展度？

答： 扩展度的变化，从某种角度来说，主要是乳化沥青的性能决定的。只有乳化沥青的内聚力小，才能使砂浆有一个大的扩展度，但同时，由于内聚力小，砂浆中的各种成分就不能在砂浆内部达到一个相对的稳定，粗颗粒会下沉、粉状颗粒会上升，引起砂浆中的成分产生砂浆颗粒梯度，发生离析和分层。

水泥乳化沥青砂浆的扩展度是一个重要指标，反映了砂浆的流动能力。为了保证在灌板时不会由于流动度不足而造成砂浆不能有效地充满整个板腔，要求要有一定的扩展度。但是当扩展度大于一定值时，就有可能会引起砂浆的拌和物状态异常，导致砂浆离析和分层等问题的出现。因此，对扩展度要有一定的限制。同时，对于砂浆来说，除了对扩展度有要求外，还对流动度有一定的要求。只有综合多个方面的因素才能提出配方所要求的扩展度和流动度指标。

在施工时，往往为了灌板顺利，对现场灌板用水泥乳化沥青砂浆的用水量做一些微弱的调整，使砂浆有较大的扩展度。但由于大的扩展度会引起砂浆的水胶比出现波动，最终会引起强度、弹性模量和耐久性指标的变化，这是不可取的，也是严格禁止的。我们建议在出具配方时，要严格给定一个用水量的调节范围，既不影响强度，也不影响弹性模量。

那么，我们在做配方时，是否可以做一个比较大和比较小的限定扩展度的配方（限定用水量）来施工呢？这是可以的。但是要保证砂浆不得出现离析和分层，同时还要保证砂浆在流动时流速不能太快，以免引入太多的空气而不能排出，造成灌板质量差（砂浆内部气泡多）。这样，要求在配方试配时，通过砂浆不出现分层离析为前提，限定最大、最小用水量，并同时满足力学和耐久性指标要求。在实际施工中要采取双控指标，第一不得超出用水量限定值，第二要保证灌板流动度。

33. 为什么水泥乳化沥青砂浆的初始扩展度会比30 min的扩展度小？

答：水泥乳化沥青砂浆要求初始和半小时时的状态要保持一定的稳定性，以保证水泥乳化沥青砂浆的作业时间和持续工作性。

一般情况下，在选择原材料时，就应考虑各种材料的相关性质。干料选择时，主要考查水泥凝结时间的影响；乳化沥青则应考虑乳化剂和稳定剂的品种及用量上重点考虑；外加剂要考虑缓凝成分对砂浆凝结时间的影响；消泡剂对凝结时间的影响等。

正常情况下，砂浆的扩展度应随着时间的推移而变小，而出现30 min后的扩展度大于初始扩展度主要是外加剂起的作用。一般情况下，外加剂同水泥相遇后，就会克服水泥颗粒间的张力，形成滚动效应而使扩展度增大。但部分外加剂同水泥相遇后，有效成分并不是立即产生滚动效应，而是在一定时间后才能完全形成滚动效应，即外加剂效应滞后。当然，出现这一现象并不完全是坏事，但超出限度就会对灌注效果产生一定的影响。

现场施工时，主要是通过外加剂来调整扩展度的延时程度。

因此，要求外加剂要有一定的减水、缓凝效果，并应根据现场材料的变化进行微调，从而保证水泥乳化沥青砂浆的状态。

聚羧酸外加剂一般情况下有一定的缓凝成分和外加剂效应滞后效果，从而使水泥乳化沥青砂浆的 30 min 扩展度大于 5 min 扩展度。保证水泥乳化沥青砂浆的状态 30 min 内不出现大的变化主要是在外加剂的组分上进行调节，适应现场的要求，保证砂浆在整个硬化过程中不出现离析与分层。

34. 水泥乳化沥青砂浆出现絮凝是好还是坏？

答：絮凝也称假凝，是指砂浆在静止的状态时呈固态，在外力的作用下呈液态的现象。

水泥乳化沥青砂浆出现絮凝是好是坏不能一概而论。水泥乳化沥青砂浆在搅拌的状态下一般不会产生絮凝，只有在停止搅拌或虽然在进行搅拌，但部分水泥乳化沥青砂浆在外力的作用下不能使水泥乳化沥青砂浆产生运动时就会絮凝。当停止搅拌后，水泥乳化沥青砂浆在很短的时间内就产生絮凝或拌和时拌和不到的地方产生絮凝，这样的水泥乳化沥青砂浆是不能使用的。使用这样的水泥乳化沥青砂浆进行灌板，一是还未进行灌板就絮凝导致灌板无法进行，二是当灌板进行到一半时水泥乳化沥青砂浆絮凝，流动性降低无法把浆体灌入板腔。那么是不是出现絮凝就认为是很差的水泥乳化沥青砂浆呢？其实不然。水泥乳化沥青砂浆出现絮凝后浆液的浮力会增大，水泥乳化沥青砂浆内部的砂子颗粒不会产生沉淀，可有效地抑制水泥乳化沥青砂浆的分层，确保了水泥乳化沥青砂浆垫层的均匀性。从这个意义上说水泥乳化沥青砂浆在一定的时间内出现絮凝是好事，但要建立在絮凝发生时间早晚的基础上。如何掌握这个时间呢？不好一概而论，这主要是根据灌板的工程验证试验来控制。最合理的时间是通过试验室的试验结合灌板的速度来掌握，最好的结果是在灌板后在较短的时间内发生絮凝。这一点需要大量的工程验证试验来决定。

在水泥乳化沥青砂浆的配制过程中，起初出现砂浆的絮凝，一直认为是外加剂的缓凝出现了问题，通过多次试验得知，出现絮凝是主要是乳化沥青的原因，建议厂家对乳化沥青用的外加剂和乳化剂进行调整。

35. 水泥乳化沥青砂浆拌和物在放置一定时间时出现沉淀（粗颗粒下沉），如何解决？

答：水泥乳化沥青砂浆放置一定时间发生砂子沉淀现象是配制砂浆时常见的问题，主要体现在砂浆自上而下颗粒呈由小到大的梯度结构。试验室配制砂浆时，砂浆在流态状态下，通过玻璃棒慢搅，可明显地感觉到砂浆上部较稀而下部干涩，底部有明显的沉淀层；砂浆硬化后，从抗折试件（或现场实体硬化砂浆）的断裂面可看到颗粒梯度。

水泥乳化沥青砂浆出现的这一现象可称为离析。砂浆出现了离析是砂浆的大忌，必会产生严重后果。

首先，砂浆离析会造成灌板困难。当砂浆离析后，砂浆在填充层中的运动形态是较稀的部分走在流动的最前列，并带走了大部分细小的颗粒，走在靠后的是比较干涩的粗颗粒部分。随着浆液的不断增加，走在靠后的比较干涩的粗颗粒部分流动性能较差，并随着粗颗粒的集聚，阻止了砂浆的流动，无法使得板腔填满。

其次，即便是砂浆填满了所有的空间，但砂浆的均匀度会极差，必然是在灌浆口附近砂浆颗粒粗，浆体干稠，远离灌浆口的地方砂浆颗粒偏细，浆体较稀，并随着离灌浆口距离的增加砂浆颗粒由大到小梯度排列，浆体自上而下砂浆颗粒呈由小到大梯度排列。

最后，用离析的砂浆制作的试件，数据凌乱、无规律，打乱了正常的思维。

砂浆发生了离析现象必须解决，具体可从以下几方面着手考虑：

第一，检查干料中小于0.125 mm和0.075 mm组分是否满足标准曲线的要求。如果此两组的百分含量过小，那么液态砂浆的浮力小，颗粒较大的砂子就会克服浮力而下沉。

第二，液态水泥乳化沥青砂浆用水量是否太大(甚者泌水)。扩展度过大，水用量的增大也降低了浆液的浮力，砂浆停止运动后，砂浆中砂子的粗颗粒下沉，造成硬化砂浆的不均匀。此种情况应减少砂浆用水量，适当调节外加剂用量。

第三，乳化沥青黏度是否过大。应当说乳化沥青黏度大浆液的浮力大，粗颗粒的砂子不会下沉，但是，当乳化沥青黏度大，初期的砂浆浆液是均匀的，但随着时间的延续，特别是浆液停止了运动，乳化沥青的黏度就会降低，砂浆内部的颗粒结构会重新组合，砂浆出现不均匀。解决的办法一是适当降低砂浆的黏度，使得砂浆在拌和好后砂浆颗粒就处于稳定的状态；二是增加外加剂的用量，降低乳化沥青的黏度，促使砂浆在较短的时间内达到内部结构稳定。

36. 如何控制水泥乳化沥青砂浆中外加剂用量？

答：水泥乳化沥青砂浆中添加外加剂的目的是适度减少用水量，增加砂浆的流动性，预防砂浆的离析(泌水)，同时在外界环境发生变化时还可通过外加剂对砂浆流动性能进行调节。给定的水泥乳化沥青砂浆配合比在一般情况下，各材料的用量是不允许改变的，但外加剂的掺量允许进行增减，其原因是外加剂的增减可调节砂浆的流动性能(工作性)，同时也不会改变砂浆力学和耐久性指标。

水泥乳化沥青砂浆究竟掺加多少外加剂比较合理，不能一概而论。这主要看外加剂的减水率大小和外加剂对干料的临界用量，最佳的掺量是在外加剂的最小和最大临界用量的中值比较合理。当环境温度、湿度发生变化时，原来的配方就很难拌出和易性好的砂浆，需要通过外加剂对砂浆工作性进行调节。当原配方的外加剂用量已经接近外加剂的临界值时，再想通过对外加剂的增减调节砂浆的状态是不可行的。如果外加剂的减水率在30% ~ 33%，实践证明掺量在2.5 ~ 3 kg/m^3 比较理想。但不论掺量多少，要绝对保证在环境条件发生改变时，能通过调节外加剂的掺量达到理想的砂浆流动性能。同时外加剂的掺量要考虑同移动式水泥沥青砂浆车相匹配，因为目前开发的砂浆车中，外加剂的计量存储器的容量比较小，外加剂用量较大时，外加剂无法进行计量。

37. 水泥乳化沥青砂浆用水量(水灰比小)过少时会出现什么后果?

答：正常情况下，水泥乳化沥青砂浆的水灰比应在0.50 ~ 0.58内，在此框架内选择好用水量同外加剂的组合，一般都能调出令人满意的配方。为了达到理想的扩展度和流动度，往往会通过保持较低的用水量，而加大外加剂的用量来实现。需要强调的是水泥乳化沥青砂浆的用水量太低，在外部环境发生变化时光凭外加剂调节砂浆状态就会发生危机。我们知道外加剂的减水效果存在临界范围，当外加剂掺量太少时，外加剂不能发挥它的有效减少率，只有超过最低(最小临界值)掺量时，外加剂才能改善砂浆的流动状态，并随外加剂的掺量增大流动状态加大。当外加剂加大到某一值(最大临界值)时，再增加外加剂的用量也不会改善砂浆的流动状态。因此，在配制水泥乳化沥青砂浆时我们一定要把握两点，一是适度把握用水量同外加剂用量的比例结合。如果水泥乳化沥青砂浆的用水量过少，在高温环境下，砂浆的流动性变小，当外加剂调高到最大临界值时，再增加外加剂的用量，对砂浆的流动性也不会改善。二是不可顾此失彼，水泥乳化沥青砂浆的用水量过大，外加剂的掺量过小，在环境温度变化下，砂浆流动度过大时，也无法通过增减外加剂的用量(最小临界值)来实现最优的水泥乳化沥青砂浆状态。

38. 如何检测Ⅱ型板的实际膨胀量?

答：水泥乳化沥青砂浆在试验室制作配方时，已经对膨胀量进行了检测。要清楚地认识到这样的检测是针对试验室状态下对配合比的一个控制性的确定，试验室确定后还要进行工程验证试验来验证。

在正式的灌板施工中，仍要适时对轨道板的膨胀作检测，主要目的是防止干料的膨胀剂掺量发生变化而影响膨胀效果，一旦发现问题及时对干料进行调整。

灌板实际膨胀量检测方法如下：

(1) 测量膨胀量的位置应在轨道板的两个端头和中间位置，每侧 3 个点，共 6 个点。

(2) 膨胀测量用百分表进行。

(3) 在测量点位置的底座板上，用砂浆垫平槽钢作百分表座的安装基座。

(4) 在灌板前安装百分表，并记录初始读数。

(5) 灌板结束后再记录百分表读数。

(6) 以后每过 30 min 读取百分表读数，直至百分表读数趋于稳定即可终止读数。一般来说，在灌板结束 6 h 后读数就稳定了，以后每 1 h 读取一次数据，连续 24 h 可终止。当出现读数回缩，应分析原因，只要不是人为的原因，也属正常。

(7) 对检测数据进行整理，绘出曲线图，计算膨胀量是否不足或超标，确定对干料膨胀剂的调整依据。

目前，《客运专线铁路 CRTS Ⅱ 型板式无砟轨道水泥乳化沥青砂浆暂行技术条件》(科技基〔2008〕74号)膨胀率的试验方法仍按200 mm的透明量筒法进行，但笔者认为在作工程验证试验时，采用百分表法实际测定更有意义，并可和量筒法进行对比掌握水泥乳化沥青砂浆的膨胀规律。

第三篇

施　工

39. 现场配制水泥乳化沥青砂浆流程图是怎么样的？

答：现场配制水泥乳化沥青砂浆流程如图8所示。

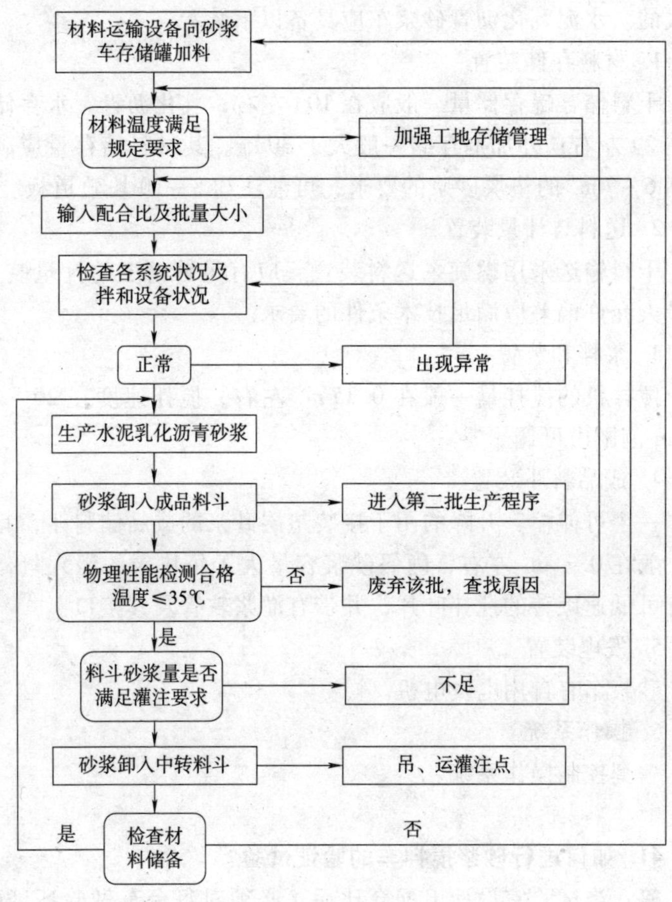

图8　配制水泥乳化沥青砂浆流程图

40. 移动式水泥乳化沥青砂浆车的应具备哪些装置?

答: 国内有多个单位开发了用于水泥乳化沥青砂浆现场拌制的移动式水泥乳化沥青砂浆搅拌车，其搅拌主机有卧式的，也有立式的。水泥乳化沥青砂浆车应具备以下装置:

1. 材料存储装置

干料储存罐存储量一般应在10 t左右；乳化沥青、水存储罐约在2 t左右；外加剂存储一般大于30 kg。其材料储存量应满足拌制6~7 m^3 的垫层砂浆的要求，可灌注约8~10块轨道板。

2. 送料与计量装置

干料输送采用螺旋泵送料装置，应有足够精度的计量装置，其最大允许偏差应满足技术条件的要求。

3. 浆拌和装置

搅拌机的搅拌量一般在0.35 m^3 左右，搅拌速度在20~200 r/min范围内可调。

4. 成品料斗装置

一个可伸缩、升降的用于接装垫层砂浆的成品储料斗，其体积一般在0.7 m^3 左右，确保砂浆容量大于每块板的灌入量，内设有可低速旋转的搅拌叶片，并带有灌浆软管及其接口。

5. 发电装置

砂浆车有自用电发电机。

6. 操作系统

一套控制操作系统。

41. 如何进行砂浆搅拌车的验证试验?

答: 当试验室设计出配合比后，必须对每台车做验证试验，验证配合比的适应性和物理、力学及耐久性指标。

验证试验参加人员：水泥乳化沥青砂浆灌板作业人员、技术人员、试验人员(水泥乳化沥青砂浆试制配合比设计)、拌和司机和有足够经验的技术人员等。重点把关人员必须是有足够经验的技术人员和水泥乳化沥青砂浆试制配合比设计人员。

验证试验的目的：验证及调整配合比；验证砂浆车的性能；验证配合比的重复可现性；验证砂浆拌和物理性能；验证砂浆的高温稳定性；掌握灌浆工艺；测试膨胀量(百分表法)；验证砂浆的灌板效果；制备砂浆的力学、耐久性能试件。

验证试验的重点：砂浆拌和车的性能；砂浆拌和物的物理性能；砂浆拌和稳定(重复)性能；灌板效果。

砂浆搅拌车进行水泥乳化沥青砂浆的验证试验时,为了检测水泥乳化沥青砂浆的和易性和适用性，需作详细记录。记录格式见表3。

表3 水泥乳化沥青砂浆工况试验记录

地 点			日 期			
施工单位			环境温度			
试验负责人			搅拌负责人			
搅拌流程			砂浆搅拌车			
原材料温度	干料		水		沥青	
配 合 比	干料:沥青水:外加剂:消泡剂＝　:　:　:					
新拌砂浆温度		搅拌量				
新拌砂浆的性能						

进行轨道板验证试验灌浆时须注意：水泥乳化沥青砂浆的流动性；水泥乳化沥青砂浆的初凝时间；水泥乳化沥青砂浆的膨胀检测(百分表法)；水泥乳化沥青砂浆在板内的流动状况及从排浆口中流出砂浆的情况。

灌板完成三天后可进行揭板验证灌板效果，重点考查：水泥乳化沥青砂浆是否有泌水；水泥乳化沥青砂浆表面的流动痕；水泥乳化沥青砂浆表面是否有沥青积聚；水泥乳化沥青砂浆表面有无轨道板的拉毛痕迹；水泥乳化沥青砂浆表面有无较大气泡；水泥乳化沥青砂浆表面可能出现的发泡层；水泥乳化沥青砂浆是否分层及均匀度；轨道板下灌浆充盈情况；通过吊板看水泥乳化沥青砂浆和轨道板的粘结情况；膨胀情况等。

上述考查项目须由有经验的专业人员来进行评估。

当评估人员对灌浆工况试验全过程给出积极的评价时，可重新按此配合比用同样工艺进行拌和，并用该配合比生产出的水泥乳化沥青砂浆制作试件进行力学、耐久性能检测。

试件制作：15个用于抗压和抗折的试件(1 d、2 d、3 d、7 d和28 d试验)：制备试件时应检验砂浆的密度；6个弹模试件；9个中国方法的抗冻试件；6个CIF抗冻试件；用于单轴脉动试验的3个马歇尔试件。

在对试件进行养护时可按表4要求进行。

表 4

20℃ ±2℃温度下存放时间（天数）		
相对空气湿度		
95% ±5%或在塑料袋中		65% ±5%
在试模中	已脱模	已脱模
2	5	21

试件可以在温度20℃、相对湿度95 %的情况下一直存放。

这里应该注意一点，试件做得越多，检验数据越多，更利于对水泥乳化沥青砂浆的评定。

关于抗冻试件的养护，中国方法和CIF方法是有区别的。

1. 中国的抗冻试验所需试件的养护

水泥乳化沥青砂浆的试件需要在试模中存放至少3 d，这期间的存放状态为 20 ℃，相对湿度 95% 。

脱模后至 24 d，存放状态几乎不变，为 20 ℃ ±2 ℃ 、相对湿度 95% 。此后从养护室中取出试块，目测其是否受损，然后继续在水中存放至 28 d。

2. CIF 抗冻方法所需试件的养护

由于水泥乳化沥青砂浆强度的缓慢发展，试件将在 3 d 后脱模，此后直到成件 7 d 要置于 20 ℃ ±2 ℃ 的自来水中，而后的 21 d需要存放于 20 ℃、相对湿度 65% 的养护室中。在 21 d 到 26 d 时进行侧边密封。干燥存放后，在测试液中浸泡 7 d。真正的抗冻试验开始于成件 35 d 后。

如上述结果都合格，则标志着在工程实作时可按照工况试验确定的配方和工艺进行施工。

笔者认为，采用中国抗冻法适合中国国情，但建议在以后的研究中，将试件变成胶砂试件。主要考虑是垫层砂浆强度较高，用(100 × 100 × 300) mm 试件进行冻融试验后，试件几乎没有变化，不利于评价冻融效果，同时也与实际施工和使用情况不符。

42. 如何进行Ⅱ型板横向封边作业？

答：在Ⅱ型板灌板前的一道工序是封边。对板的纵向封边一般采用普通砂浆封堵或采用支架封堵，这些都只是临时工程，随后就会铲(拆)掉，但横向封边是砂浆垫层的一部分，必须保证质量。横向封边有两种方法，第一种方法是采用同设计的水泥乳化沥青砂浆相同配方的材料拌和，然后放置，待砂浆的稠度达到可塑状态时，进行封堵。但这种方法施工很不方便，因为拌和好的水泥乳化沥青砂浆要等待较长的时间，且要随时观测稠度，掌握封边的时机。砂浆过稀，无法实施作业；砂浆过稠，封边后会产生漏浆，同时通过放置过稠的砂浆再进行封边，强度会下降。第二种方法是采用同水泥乳化沥青砂浆相同力学、耐久性能的水泥砂浆进行封边。此种方法简单易施工，但要注意两点，第一点是水泥砂浆必须是同水泥乳化沥青砂浆有相同性能，第二点是砂浆稠度要掌握好且要拌和均匀，施工时要用小木条进行捣实，避免砂浆松散地填充，确保水泥砂浆的性能。

43. 如何进行Ⅱ型板纵向封边作业？纵向封边作业时应注意什么？

答： Ⅱ型板纵向封边大体有四种方式。

第一种方法是砂浆封边(如图 9 所示)。

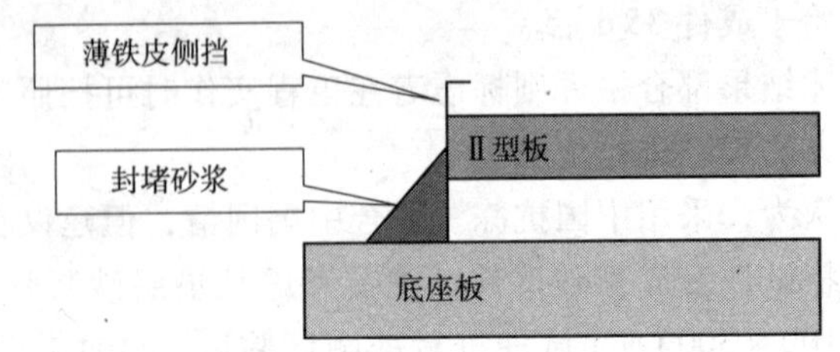

图 9　砂浆封边示意

湿润底座板，使得砂浆和底座板能更好地粘结；用薄铁皮挡在板缝处，防止封边砂浆侵入板下；用干塑状砂浆抹成三角形状体，并压实，砂浆要高出板底 3 cm 以上。抽去薄铁皮，进行第二次压边，特别是Ⅱ型板与砂浆的粘结处，达到粘结牢固、无缝隙，砂浆不侵入Ⅱ型板缝。

此法易于操作，缺点是砂浆容易侵入Ⅱ型板下的缝隙，封边后要等待砂浆有一定强度才能进行灌板操作(如图 10 所示)。

第二种方法是支架封边(如图 11 所示)。

用槽钢或钢管制作成 U 形支架，横跨Ⅱ型板上。支架的两端各设一水平螺栓和倾斜螺栓，水平螺栓用于同Ⅱ型板的紧固，倾斜螺栓用于支撑板缝上的封边角钢，板缝处用比较硬的海绵封边，在其上加压角钢。支架法封边应注意以下两点，一是对倾斜

图 10　砂浆封边后效果

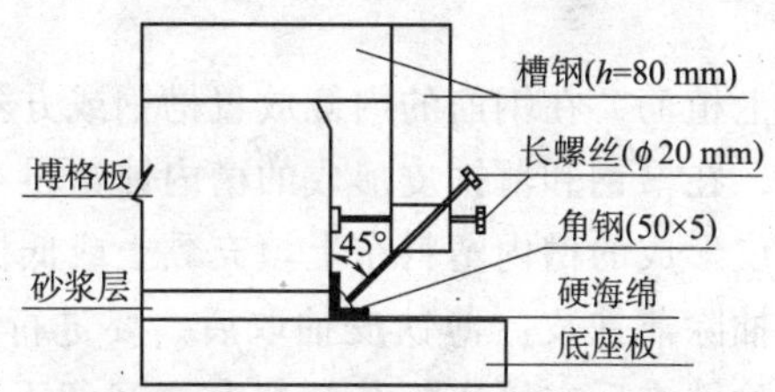

图 11　支架封边

螺栓加压时用力不能太大，防止把精调好的Ⅱ型板挠动，二是海绵垫同精调爪的结合部位要处理好，防止漏浆。支架法封边的优点是立模后即可灌板，拆模后砂浆的观感好，缺点是拆模后的倒运量大，底座板不平整时容易漏浆。

第三种方法是填充封边法（如图 12 所示）。

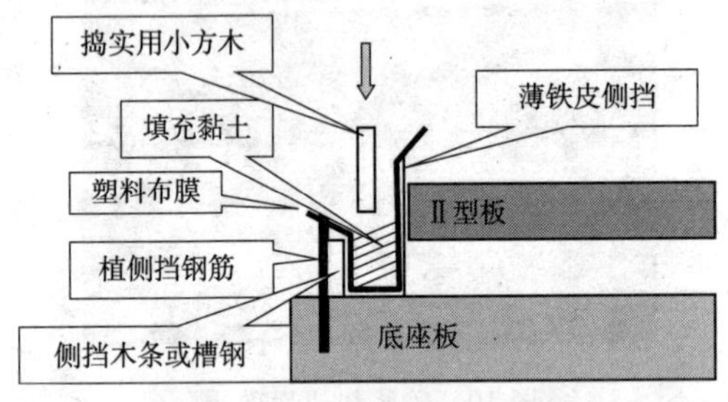

图 12　填充封边示意

在底座板上植筋，在钢筋的内侧放置槽钢或方木，在板缝处用薄铁皮支挡，在槽钢和薄铁皮形成的槽内铺塑料布，最后在支挡槽钢和薄铁皮形成的槽内塑料布上填充黏土或低标号砂浆，用小方木捣实，抽除薄铁皮。薄铁皮抽取后，要进行第二次压实，主要是压实抽除铁皮后在轨道板与塑料布之间留下的缝隙（捣实时要掌握力度，一是要确保黏土与轨道板的密实，二是要不能让黏土侵入板底）。

此方法优点是节约材料，能达到随时封边随时灌板，灌板后砂浆暴露面光洁。缺点是对植筋眼要封堵，对桥面污染较大。

第四种方法是模板封边法（如图 13 所示）。

在距板侧 3 cm 左右打一深度为 3 ~ 5 cm 的孔，插入 10 cm 长度 ϕ10 的钢筋，在靠近轨道板的钢筋内侧插入 2.75 cm × 0.02 cm 的木板，在木板与Ⅱ型板间用契型小木块压紧，使得木板不晃动，在木板与底座板接触处用砂浆密封。

为防止砂浆对轨道板的污染，在安装木板前，在轨道板的侧面，贴胶带纸，拆模时，去掉胶带纸。

此方法优点是材料浪费小，木板可周转，封边速度快，封边后即可灌注，排气彻底，可在任何时间观察灌板的饱满度，

图 13　模板封边

确保砂浆充盈。缺点是灌板速度要控制好，砂浆容易从木板上部溢出，对底座板污染较大。模板封边灌板效果如图 14 所示。

图 14　模板封边效果

44. 如何进行长大桥 CRTSⅡ型轨道板灌注作业?

答: 由于长大桥不具备移动式水泥沥青砂浆搅拌车上桥作业的条件，无法直接进行砂浆灌注，所以移动式水泥沥青砂浆搅拌车只能停靠在桥下适当位置进行拌和，一般利用吊装设备吊运中转砂浆罐进行灌注作业。

一种是利用特种吊装设备，砂浆在桥下拌制好并装入中转罐，吊装设备在桥上进行吊送(如图 15 所示)。吊装设备可在桥上行走，吊送到灌板点进行灌板作业。

图 15　在桥上对中转灌砂浆运送

另一种是利用吊车在桥下提升砂浆中转灌运送砂浆至灌板点（如图 16 所示）。吊车在桥下吊运时要选好吊车停车点，确保在最大吊运半径内多灌板，减少吊车的移位。

图 16　在桥下对中转灌砂浆运送

45. 如何进行路基段 CRTS Ⅱ 型轨道板灌注作业?

答: 路基段的边坡较大，采用长桥吊运方法进行灌注作业的方法不太适宜，那么如何进行路基段的灌板作业呢? 一般采用以下两种方法。

(1) 移动式砂浆车直接灌板法

本方法适用于交通顺畅移动砂浆车可在灌板线旁行走的地带。如施工便道上行驶移动砂浆车，且砂浆车的成品料斗可直接进行灌注作业，或移动砂浆车可行驶在水硬性支承层上向另一侧线路直接灌板。移动式砂浆车直接灌板法方法简单易行，是理想的灌板作业方式，砂浆的拌和物性能有保障，减少了向中转罐倒料带来的气泡，不会因为成品砂浆的周转影响砂浆的和易性指标，只要条件可行建议推行本方法。

(2) 汽车运输成品砂浆灌板法

本方法适用于吊车吊运成品砂浆困难，无法采用移动砂浆车直接灌板作业的灌注法。移动砂浆车停靠在便于汽车行走的稳定位置进行拌和砂浆，然后将成品砂浆倒转到中转罐中，汽车运输中转罐到灌板地点进行作业。这里需要解决的问题是汽车的行走路线和调头，汽车一般行走在路基两底座板中间地带，在选择车型时要考虑行走路线宽度，如果宽度受到限制，可采用枕木或其他途径把行走道路和支承层垫平，利用支承层增加行车道宽度。一般情况下汽车可在灌板后退回移动砂浆车进行装料。但为了增加灌注速度，也可在一定长度后设立汽车出口通道、形成行车循环线路，同时也可增加运输成品砂浆的车辆以加快灌板速度。

46. 如何改善水泥乳化沥青砂浆的流动度?

答: 水泥乳化沥青砂浆的流动度是指一定数量的垫层砂浆(1 L)在规定条件下通过一个漏斗孔(1 cm)流出所需要的时间。

它描述的是砂浆的流动能力，在灌板时，体现为砂浆在灌板时的流动速度。大家知道，在灌板时，我们希望水泥乳化沥青砂浆能以全断面大坡角的方式进行，这样可以保证砂浆能有效填充板间缝隙，减少包裹或引入气泡。

在 CRTSⅡ轨道板中，水泥乳化沥青砂浆的流动度要求为 100 s ± 20 s。

影响砂浆流动性的主要因素有乳化沥青、水和外加剂，因此，改善流动度就要从上述三种材料入手。

（1）乳化沥青是影响水泥乳化沥青砂浆流动性的主要因素。采用不同的乳化剂所生产的水泥乳化沥青砂浆状态是不同的。一般情况下，采用中裂和快裂阴离子乳化沥青由于破乳快，在砂浆成形时就有可能破乳，砂浆将会出现分层、离析。因此，用于水泥乳化沥青砂浆的阴离子乳化沥青应采用慢裂阴离子乳化沥青。这就要求对用于乳化沥青的乳化剂进行选择以保证水泥乳化沥青砂浆的稳定性。在使用时，如流动度与要求差别较大，则只有通过调整乳化沥青中的乳化剂的用量或品种来解决。

对于乳化沥青的主要成分沥青来说，可以使用 AH-70 或 AH-90 重交通量道路石油沥青。由于 AH-70 重交通量道路石油沥青比 AH-90 重交通量道路石油沥青的针入度小 20 个点，其黏度则偏低，相对于同一配方的水泥乳化沥青砂浆来说，其流动度也将变小。

（2）用水量也是影响水泥乳化沥青砂浆流动性的另一个因素。随着用水量的增加，水泥乳化沥青砂浆的流动性将增加。但随着用水量的增加，水泥乳化沥青砂浆的强度将降低，一定程度上将使砂浆的弹性模量偏低。因此，在流动度异常时，可以通过适度调整用水量的大小来解决，如还不能达到要求，则只有改用别的方法来解决。

（3）外加剂的品种和用量也是影响水泥乳化沥青砂浆的一

个主要因素。在配合比设计中，选择合适的外加剂是很重要的，将会对整个施工产生影响。通过大量试验我们发现，采用聚羧酸酯类产品能满足砂浆的要求，而用醚类的聚羧酸减水剂则对30 min的扩展度和流动度产生较大的影响，可能的原因是与组成水泥乳化沥青砂浆材料中的某些成分发生了反应从而引起了乳化沥青的破乳。

在生产中，由于采用的配合比是一定的，因此，当流动度要求有少量的变化时，可以通过调整外加剂的用量来解决。一般情况下，外加剂用量越多，则流动度相应会减小。但由于外加剂中含有一定的缓凝成分，外加剂的用量不宜无限制的增加或减小。

47. 30 min 的扩展度经时太长和太短对灌板有什么影响?

答: 水泥乳化沥青砂浆的扩展度是反映水泥乳化沥青砂浆自动填充能力一个指标，而 30 min 的扩展度主要是反映水泥乳化沥青砂浆在一定时间内砂浆状态的稳定性。一个好的配方应能在一定的时间内能保持一个稳定的状态，确保施工作业的合理进行。

30 min 的扩展度相对初始状态时的扩展度来说，要求其变化不应太大。当 30 min 的扩展度经时太长，也就是说远远大于(时间长)初始状态时，表现为当水泥乳化沥青砂浆扩展到280 mm时的时间就长，也说明砂浆已明显变稠。虽然还没有完全开始破乳和凝结，但流动状态已开始变差，在灌板时就有可能由于扩展时间长，浆液自身的压力无法使水泥乳化沥青砂浆有效填充整个轨道板底面边角，同时灌板速度慢，也会影响到施工进度。当 30 min 的扩展度经时太短时，表明水泥乳化沥青砂浆变稀，根本原因是外加剂中的缓凝成分开始发挥作用，就有可能会引起水泥乳化沥青砂浆分层和离析。因此，30 min 的经时不能太长和太短。

虽然标准未对 30 min 后的扩展度作要求，但笔者建议在配方的设计时，要尽量考查 20 min，30 min，40 min，50 min 的扩展度和扩展度经时损失，全方位掌握砂浆的物理性能。

48. 水泥乳化沥青砂浆流动度过大或过小对灌板质量有什么影响？如何选择流动度？

答： 水泥乳化沥青砂浆的流动度反映的是水泥乳化沥青砂浆流动能力的一个指标。流动度(指流动时间)过大时，表现为水泥乳化沥青砂浆偏稠，不利于灌板；流动度过小时，表现为水泥乳化沥青砂浆偏稀，有可能引起砂浆离析和分层。

水泥乳化沥青砂浆在灌板时，我们认为理想的一个状态是砂浆在流动时，能呈现为一个全断面的推进，将板间空隙中的空气全部推出，使砂浆能完全填充。流动度过大或过小都会引起砂浆灌板质量的变化。流动度大小的选择应在配方设计和反复的工程验证试验后确定，并应确定满足工程要求的最小和最大流动度值，同时在施工过程中严格进行控制。

49. 造成水泥乳化沥青砂浆停止搅拌时会出现絮凝现象的原因是什么？如何解决？

水泥乳化沥青砂浆在拌和到灌板开始总是在不停的搅拌以使砂浆处于均匀状态，停止搅拌后一定时间内仍应保持流动状态。但砂浆在配制过程时，停止拌和后有时会出现絮凝现象，这主要由于乳化沥青局部破乳造成的。而乳化沥青应当保持一定的稳定期限，我国对乳化沥青的储存要求是稳定性(5 d)小于 5% 。

由于乳化沥青的稳定性差，或与组成砂浆的其他成分有不相容的地方，就会产生乳化沥青的破乳现象，从而在停止搅拌时，就有可能会产生絮凝现象。

何为絮凝？水泥乳化沥青砂浆由液态变成絮状、不流动的形态，但在外力下又可变为液态的现象称絮凝。絮凝类同与混凝土的假凝（如图 17 所示）。

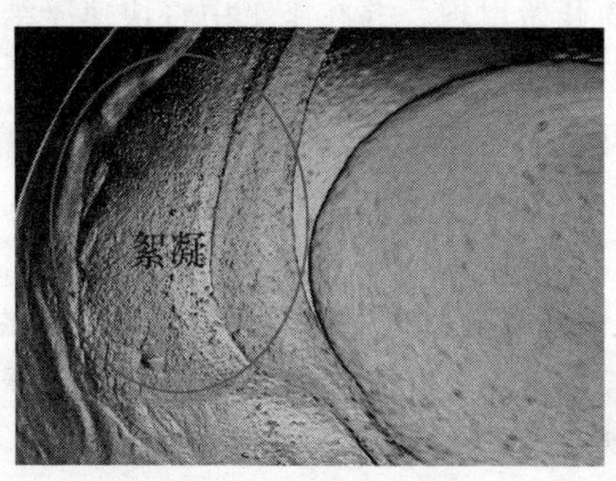

图 17　絮凝现象

应当说，当把浆液灌入板后，出现絮凝是好事，但絮凝往往会造成堵管道或砂浆在板下无法流动，使灌板失败。砂浆在静止状态下 30 min 范围内出现絮凝必须解决。

在现场出现上述情况时，应检查各种材料是否是否发生了变化，包括干料的水泥品种、乳化沥青中沥青的品种及配方、外加剂的品种和施工用水等。

解决这一问题主要还是从乳化沥青着手。可以考虑更换沥青、乳化剂和稳定剂的品种、掺量，还可以通过对沥青进行改性后使用或直接选用改性沥青都会有不错的结果。同时，可以对用于水泥乳化沥青砂浆中的所有成分进行适应性验证，找出不合适的成分进行更换。

这里强调一下水对砂浆的影响，对于水来说，也是一个重要的因素，这也是我们在施工时最容易疏忽的。不同的水质对水泥乳化沥青砂浆的影响是比较大的，特别是水泥乳化沥青砂浆的状态，这主要是由于不同的水质中矿物质含量不同造成的。

拌和好的砂浆温度是导致出现絮凝最重要的因素。我们要求砂浆温度不应超过 30 ℃，这一点非常重要。大量的室内和现场施工证明，当砂浆温度超过 30 ℃时，砂浆的状态将会发生较大的改变，絮状物开始出现，并在施工中将快速凝结，造成堵管不能灌板等现象，因此，在施工时要避开高温天气，当水泥乳化沥青砂浆的成品温度大于 30 ℃时要密切关注砂浆的变化，避免砂浆出现絮凝。

50. 水泥乳化沥青砂浆含气量过大的原因是什么？如何解决？

答：Ⅱ型板用水泥乳化沥青砂浆对含气量有严格的要求，即含气量小于 10% 。实际的砂浆拌和中经常会出现含气量超标的现象。含气量出现超标有以下几种原因：一是采用的聚羧酸外加剂本身具有引气作用，但它所引入的气体属于大气泡，对砂浆有害；二是水泥乳化沥青砂浆的黏滞性较大，在搅拌的过程中容易把空气裹入砂浆中，且不易排出；三是乳化沥青的不同，水泥乳化沥青砂浆的含气量也有所不同，归结为乳化沥青黏度大裹气能力强，黏度小裹气能力弱；四是干料产生气体，干料中砂子吸水率的快慢会影响砂浆的含气量，如果干料中的砂子在很短的时间内能够吸水完成（在搅拌的时间内基本完成），那么它不会在后期对水泥乳化沥青砂浆引气，如果干料中的砂子吸水速度缓慢，那么搅拌完成后仍在吸水就会置换出砂子内部的空气，在砂浆内部形成空气囊，增大了砂浆的含气量。

正常情况下，在配合比确定后，当出现砂浆含气量超标时，一般不对材料进行调整，而应着重在拌和工艺、消泡的环节上做文章。

改善搅拌工艺，在满足水泥乳化沥青砂浆拌和均匀的基础上，尽量减少高速拌和时间，适度延长低速拌和时间，可有效减少拌和造成的含气量增大现象。添加消泡剂是降低含气量超标的主要手段，增大消泡剂的掺量无疑可以有效地降低含气量，但消泡剂掺量过大也会对砂浆造成不利影响。消泡剂的作用原理是降低砂浆颗粒表面张力，砂浆内部气泡表面张力失去后，气泡破裂会释放出空气。由此可见，砂浆颗粒损失表面张力后，砂浆的黏滞性会降低，流动度经时会加快，对灌板产生不利，因此可以说为了消泡而过多的增加消泡剂并不可取。还有另一种办法尝试，那就是改变消泡剂的添加时间，正常情况下消泡剂的添加时间是在高速搅拌结束后添加，但有些消泡剂会随着在砂浆中的作用时间长短消泡效果会有很大的不同，不妨在高速搅拌时就添加消泡剂也许会收到不错的效果。

虽然标准要求含气量小于 10%，但笔者认为并不是含气量越小越好。含气量过小一是对冻融不利，二是砂浆的弹性模量会提高。

51. 如何解决水泥乳化沥青砂浆的力学指标超限的问题？

答：在水泥乳化沥青砂浆的配制中，出现力学指标不满足标准要求属正常现象，这需要通过不断的调节才能达到满意的力学指标。如何解决指标超限分以下几种情况回答。

1. 第一种情况：强度偏低，弹性模量偏小

一是增加水泥用量，减少惰性粉料添加量；二是水泥用量不变，降低水胶比，增加外加剂量；三是根据具体情况可适当调节减少乳化沥青用量，起到提高弹性模量的作用。但无论采用什么方法调整，前提是要满足水泥乳化沥青砂浆的物理指标(扩展度、流动度)要求。机理是水泥(水灰比)在整个水泥乳化沥青砂浆中起到强度的主导作用，通过增加水泥用量或降低水灰比可有效地克服强度的不足。强度提高了，水泥乳化沥青砂浆的硬度也会增加，弹性模量也会提高；沥青是一种柔性材料，较少的沥青用量可降低固化后水泥乳化沥青砂浆的柔性，弹性模量也会自然提高。

2. 第二种情况：强度偏高，弹性模量偏低

一是减少水泥用量，适当增加惰性粉料添加量；二是水泥用量不变，提高水胶比，减少外加剂量；三是根据具体情况减少乳化沥青用量，可有效提高弹性模量。在调节的过程中要三种情况结合，不可顾此失彼。

3. 第三种情况：强度偏低，弹性模量偏大

强度偏低增加水泥用量，减少惰性粉料添加量，降低水胶比；弹性模量偏大增加乳化沥青用量。

4. 第四种情况：强度偏高，弹性模量偏大

强度偏高减少水泥用量，增加惰性粉料添加量，增大水胶比；弹性模量偏大增加乳化沥青用量。

52. 如何解决水泥乳化沥青砂浆的耐久性指标超限的问题？

答：水泥乳化沥青砂浆的耐久性是指抗冻融性能和抗疲劳性能。抗冻性(28 d)要求外观无异常，剥落量≤2 000 g/m，相对动弹模量≥60%（冻融试验方法见附件十二）；抗疲劳性(28 d) 10 000次不断裂(疲劳试验方法见附件十四)。满足抗冻融主要从水泥乳化沥青砂浆的含气量考虑，含气量过小是造成抗冻融不合格的重要原因；另外乳化沥青的含量太低，也会造成抗冻融不合格。

如何解决抗冻融的问题呢？

首先，应测定外加剂引入的气泡是大气泡还是微气泡，也就是说外加剂的引气质量要高。

其次，要考虑砂浆的拌和工艺，达到既不会产生引入大气泡，也不因拌和时间太长而损失微气泡。一般来说，高速搅拌15 ~20 s 水泥乳化沥青砂浆就会拌和均匀，然后进入低速搅拌。低速搅拌的目的是消除高速搅拌引入的有害气泡，但在搅拌时间上要把握好，达到能消除有害气泡，节约时间，保留微气泡。

第三，要考虑消泡剂的质量和添加量及添加时间。添加消泡剂的目的是消除水泥乳化沥青砂浆中的有害气泡，添加量太大，可有效地消除砂浆气泡，但对砂浆将产生较大的不利影响（将在其他问题中作解答）。微气泡对砂浆的抗冻融是有利的，大气泡对抗冻是有害的。应当说消泡剂在砂浆高速搅拌一定时间后开始进行低速搅拌时才添加。消泡剂发生作用的同时通过低速搅拌排出空气，但由于消泡剂本身的原因和拌和工艺等原因，消泡剂在高速搅拌的同时添加也可以，这主要是通过工艺试验决定的。笔者使用的消泡剂就是在高速搅拌开始加入的，比低速搅拌时添加效果好。这里说的效果好指的是有效地降低了水泥乳化沥青砂浆的含气量（标准规定 <10%），且硬化砂浆内部无可见大气泡。

第四，要考虑乳化沥青的掺量。按照Ⅱ型板水泥乳化沥青砂浆的配制理论，乳化沥青是作为填充水泥砂浆孔隙的填充物，含量太低，填充就不会充分，水就可能进入砂浆内部，在温差交替时会产生冻害。另外，沥青具有防水的作用，可有效地隔阻水侵入砂浆内部，在满足水泥乳化沥青砂浆力学性能的前提下，增加乳化沥青的用量，砂浆的抗冻性能也会提高。

一般来说，由于Ⅱ型板用水泥乳化沥青砂浆强度比较高，加之有一定量的乳化沥青，在满足其他指标后，抗冻融指标一般都能满足。根据笔者试配的经验试件冻融前后几乎没有什么变化。

如何解决抗疲劳的问题呢？疲劳反映的是材料的韧性，材料韧性好、弹性好，抗疲劳能力强，材料脆性大，抗疲劳能力弱。抗疲劳的好坏取决于水泥乳化沥青砂浆的弹性，提供水泥乳化沥青砂浆的弹性主要途径是减少干料量，增加乳化沥青量。

53. 如何控制水泥乳化沥青砂浆的水灰比？

答：水灰比是水与水泥的比值。干料中的其他外掺料，如粉煤灰、惰性岩粉不能作为胶凝材料。水泥乳化沥青砂浆垫层是Ⅱ

型板和底座板之间的连接层，标准规定弹性模量为 7 000 ~ 10 000 MPa，抗压强度要求大于 15 MPa。水泥乳化沥青的强度主要是由干料中的水泥用量和水灰比决定的。

Ⅱ型板用水泥乳化沥青砂浆中的强度主要是水泥水化产生的。在这一点上，基本等同于水泥混凝土的性质，在水泥用量一定的情况下，用水量越大，水灰比越大，则强度越低，同时对弹性模量有一定的影响，反之亦然。乳化沥青对降低砂浆的弹性模量起到了重要作用。

由于水泥乳化沥青砂浆施工对砂浆拌和物性能的特殊要求，在实际施工中，可能某些材料出现细微变化就会对砂浆的工作性产生影响，所以必须对配方进行微调。有时通过外加剂的调节都很难满足流动性要求，甚至取消了外加剂扩展度仍很大，必须减少水才能满足拌和物性能的要求，这样就改变了水灰比，强度和弹性模量都会发生变化。因此，笔者建议在配方确定时，要对水灰比给定一个范围，并使力学和耐久性指标满足标准要求。水灰比范围的确定可在试配时调整水灰比，找出能满足水泥乳化沥青砂浆各项要求时的最大水灰比和最小水灰比。

54. 为什么允许对水泥乳化沥青砂浆用水量进行限量调整？

答：对水泥乳化沥青砂浆的用水量可进行限量调整考虑的因素有：一是干料中的水泥每批的需水量不同。二是作为水泥乳化沥青砂浆的指标是个限定的范围，同时由于其砂浆工作的特殊性要求，也必须对其用水量进行微调。这些因素决定了我们配方用水量不是一个唯一的值，而应是一个范围。这个范围的划定，应该通过室内试拌和现场工程验证试验来确定。在这个范围内，调整水泥乳化沥青砂浆的用水量不会对砂浆的指标产生影响。三是水泥乳化沥青砂浆的物理指标非常重要，从某种意义上讲它比力学指标更重要。

用水量并不是可以无限制地随意调整，否则配方就没有任何意义，只是在一定范围内的调整，在试验室做配方时就必须考虑。调整的前提是必须有充足的数据支持，调整的原则是必须按照配方给定的范围进行。

55. 为什么要根据环境条件对水泥乳化沥青砂浆配方的外加剂用量进行调整？

答：由于其乳化沥青的作用，水泥沥青砂浆对外界的环境条件比较敏感。经大量试验，当外界温度达到30 ℃及以上时（砂浆温度也会大于30 ℃），水泥沥青砂浆的工作性将发生较大的变化，砂浆的拌和物指标超标，砂浆的工作时间变短。

乳化沥青在适宜的环境范围内体系稳定，而当环境条件变化较大，特别是在较高温度下，乳化沥青很容易破乳，影响水泥沥青砂浆的扩展度、流动度，表现在砂浆变干稠，可工作时间变短等；而当温度较低时，乳化沥青的稠度也会加大，降低了水泥沥青砂浆的工作性能。

现场施工，特别是在夏季中午温度较高和春秋季夜间温度较低时，砂浆的工作性能变化很大。为了适应砂浆灌注的要求，必须调整外加剂用量。环境的变化我们是无法改变的，最好的办法是避开较高温度下施工，有时受工期的影响无法避开，但我们可以在现有的条件下，通过对外加剂用量的调整，使水泥沥青砂浆的工作性满足灌注要求而不会改变水泥沥青砂浆的力学指标。特别强调的是调整后的砂浆不能产生颗粒梯度和泌水。

水泥乳化沥青砂浆对温度的敏感性很强，解决配方的高适应性也是大家在以后的工作中应当研究的重点。

56. 如何进行轨道板的预湿作业？

答：由于底座板，特别是水硬性支承层存在吸水率较高的现象，因此必须对底座板/水硬性支承层进行预湿，以减少对砂浆灌注质量的影响。

（1）提前半天用高压水枪（带旋转喷嘴）对底座板/支承层进行预湿，确保整个底座板/支承层和轨道板底面在灌浆时保持湿润，但不得有积水。足够的湿润标记是无光泽微湿的支承层/底座板表面和轨道板的底面。当外界温度大于 25 ℃时，应将灌浆孔盖住，保持灌浆孔的湿度。

（2）根据不同的天气情况决定不同的预湿时间和预湿程度。天气越干燥、越热时应在灌板前预湿，必要时进行多次预湿；天气越潮湿、越冷则可以提前预湿或在某种情况下可不预湿或少许预湿。

（3）预湿完成后，用海绵将灌浆口堵塞，或用塑料封闭灌浆口，防止水分失散。

57. 对水泥乳化沥青砂浆灌板施工作业在温度上有什么规定?

答：水泥乳化沥青砂浆要求灌板施工作业时施工温度在一定的范围内才能进行。规定如下：

（1）砂浆搅拌车上必须有能自动检测环境温度和水泥乳化沥青砂浆成品料温度，并自动存储在每次生产的记录中。

（2）为了保证有足够的施工时间和适宜的工作性，新拌制的水泥乳化沥青砂浆温度应控制在 5 ℃～35 ℃；灌注时的环境温度应大于 4 ℃，并且未来 24 h 内的环境温度不得低于 2 ℃；

（3）当预测到灌注后未来 24 h 环境最低温度大于 －3 ℃时，可以不采取任何附加措施。

（4）如果预测到灌注后 24 h 内空气的最低气温达 －5 ℃，则轨道板在垫层灌浆后应用保温薄膜进行覆盖。如果预测到灌浆后未来 24 h 的最低温度低于 －5 ℃时，就应放弃垫层砂浆的施工。

（5）如果在灌浆后预见到未来 24 h 的环境温度会低于预测

的环境最低温度时，则就对灌浆后的轨道板用多层保温薄膜进行覆盖。

58. 灌板时为什么要进行底座板/支承层水雾化处理？

答：底座板是由混凝土构成的，极易吸水。当水泥乳化沥青砂浆倒在其上时，混凝土将会把水泥乳化沥青砂浆中的自由水吸附到混凝土空隙中，并置换出空气，使砂浆内部产生较大气泡。如果能将底座板充分湿润后，再进行灌板，就不会出现这种现象。

如图 18 所示，我们将新拌的水泥乳化沥青砂浆倒到一个没有预湿的底座板上，这时可以看到，水泥乳化沥青砂浆在滚动流动时，会被底座板混凝土吸收砂浆中的水分，不易滚动，而需要后面的砂浆越过后才能继续扩散，并在随后一定的时间在砂浆表面出现凸起的气泡痕迹。

图 18　底座板未预湿砂浆

当把底座板充分预湿后，将新拌的砂浆倒到已充分预湿的底座板上时，这时能看到，水泥乳化沥青砂浆能自由流动，并且也不会在以后凝结过程中，其水分被底座板吸水，从而保证了砂浆足够的流动状态。同时由于砂浆中的水不会被置换，在表面不会出现太多的气泡（如图 19 所示），能保证和轨道板的充分粘结。

从上面可以看出，在灌板前必须先对底座板/支承层进行充

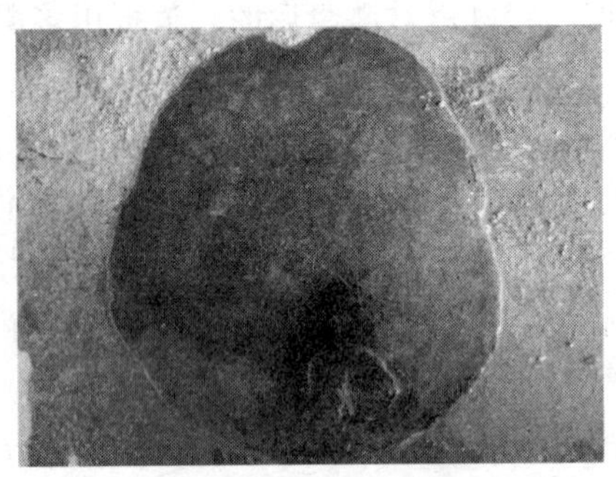

图19　底座板预湿砂浆

分的预湿是灌浆作业前必须进行的一项作业，同时也是一道关键的工序。具体地说，在灌浆前多少时间进行预湿，要根据天气与环境温度而定，一般来说，温度低可提前预湿；温度高，预湿到灌浆的时间间隔小。

从大量的揭板试验看，Ⅱ型板垫层砂浆底部总有部分较大气泡，而Ⅰ型板砂浆由于有灌注袋就没有气泡，这说明底座板/支承层作水雾化处理是很难掌握好尺度的，但却对砂浆的质量产生较大的影响，笔者建议，在以后的工作中可研究对底座板/支承层采用封闭的办法处理。

59. 如何掌握对底座板水雾化处理的尺度和时间？

答：在灌浆时底座板/支承层和轨道板底面必须是潮湿的，为此在灌注垫层砂浆作业前在先将两者进行预先潮湿，足够的湿润标记是表面潮湿但不反光。预湿的时间根据不同的气候条件来决定。

天气越热、越干燥时，应在灌板前不久进行预浇湿，必要时要进行多次的预湿；天气越潮湿、越冷时，可以在灌板前较早的时间内就可以开始进行预湿作业，或在较冷情况下可以不进行预湿。

但是，在进行预湿作业时，应避免水的滞留和在坑凹处形成积水。

准确的预湿时间取决于底座板/支承层表面的吸水性，并由灌浆作业人员根据具体的情况确定。环境温度大于 25 ℃时，从预浇湿到垫层砂浆灌注之间的时间段内所有的灌浆孔都要盖上（一般地，轨道板灌浆孔用硬柱状海绵塞封闭或用塑料布及类似物件封闭），这样可以将喷雾造成的潮湿空气封闭在封闭在轨道板下面。

底座板进行雾化时，可以用安装在高压水枪上的专用旋转喷嘴来预湿，用单独的高压清洗设备进行工作。如果场地适应，也可利用柔性软管连接在搅拌机上的高压清洗设备上进行预湿底座板/水硬性支承层。

60. 灌板后硬化的水泥乳化沥青砂浆出现分层的原因是什么？如何解决？

答：出现砂浆分层的主要原因是砂浆二次灌注和水泥沥青砂浆的流动度不好造成的。

按照验标要求，轨道板与底座板的缝隙在 2 ~ 4 cm，砂浆灌和中转灌的容量一般最大为 0.7 m^3，灌注一块板是没问题，但在实际灌注作业中，有时会出现大于 4 cm 的板缝或封边不好而漏浆的现象，致使一次不能灌注一块板，造成二次灌注，使砂浆产生分层现象。另一种情况是砂浆流动时间太短（小于 60 s）。在此状态下，砂浆灌入板缝后就会迅速流动、扩大。在灌板的初期，砂浆在板缝的流动情况是先在板缝的底座板下迅速摊平（未和轨道板底部连接），如果底座板比较干燥，板腔温度较高，砂浆中的水分就会被底座板迅速吸收，形成硬化状，流动减缓，砂浆表面乳化沥青破乳。随着砂浆的不断灌入，新灌入的砂浆就会漫过先灌入的砂浆层，形成砂浆的分层现象(如图20所示)，而正常的砂浆流动，应当是最前段的砂浆呈坡面滚动，后段的砂浆呈填满板缝平行向前推进。

图20　砂浆分层

工程上是绝不允许出现砂浆分层的。这样的砂浆，在列车冲击荷载作用下，分层的砂浆会破碎，使得轨道板和砂浆产生分离现象，对列车的运营安全产生影响。

这就要求在施工作业时，水泥乳化沥青砂浆一定要保证一定的流动性，并应通过工程检验证明不会出现分层现象。可从以下几个方面加强控制：第一，加强预湿工作，保证灌板时底座板的相对湿润；第二，在灌板时，应检查板缝内的温度，并应根据砂浆的流动性与板内温度的对应关系，确定在此温度下灌板用水泥乳化沥青砂浆的流动度能保证砂浆的正常施工而不出现分层；第三，在灌板前要检测板缝厚度，计算本块板应灌注的砂浆数量，并合理安排施工间隔，以保证不会由于二次灌注产生分层。

61. 水泥乳化沥青砂浆表面出现可见沥青的原因是什么？应如何解决？

答：在灌完板的水泥乳化沥青砂浆表面有时会出现可见沥

青，主要是局部乳化沥青破乳还原成的沥青。这主要是由于沥青与水的不相容性，同时由于沥青的密度较低，从而使沥青悬浮在水泥乳化沥青砂浆的表面造成的。水泥乳化沥青砂浆表面出现可见沥青反映了乳化沥青的状态不是很稳定，或在生产的工艺、原材料选择等存在问题，也有可能是乳化沥青的本身的性质决定的，应会同乳化沥青厂家一起，对产品进行一定的微调来解决。另一方面的原因可能是底座板存在有可见积水。当灌注砂浆时，砂浆行走到板的边缘，砂浆面抬高，多余的积水就会排到砂浆的表面，在表面破乳失水后形成可见破乳沥青。因此，在底座板预湿时，不能存在积水现象。

62. 水泥乳化沥青砂浆表面出现可见白色带状条是什么？

答：在灌完板的水泥乳化沥青砂浆表面出现白色的带状物（如图21所示），主要是乳化沥青破乳后乳化剂等外加剂析出的

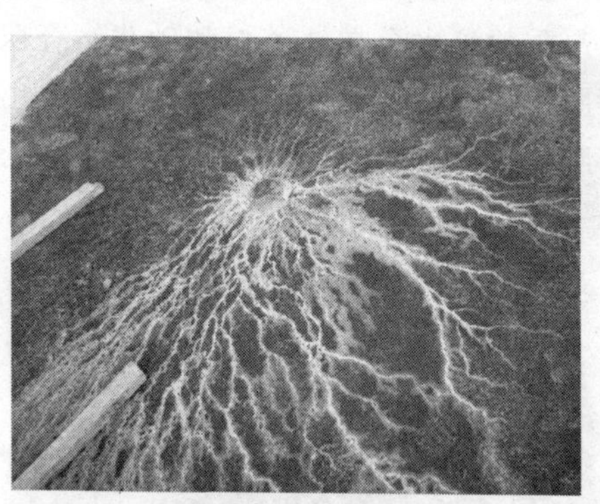

图21 水泥乳化沥青砂浆白色带

残留物质。这反映了乳化沥青中乳化剂的用量偏多或乳化剂和沥青的乳化不合理或不匹配。出现这样的问题还不能判定对砂浆的影响，但我们认为还是要解决，因为从砂浆对轨道板的粘结上讲

会降低粘结效果。同时白色带状物的出现，反应了砂浆拌和物性能较差，留下了泌水的流水印迹。解决方法是减少乳化剂用量，但要通过试拌能满足水泥乳化沥青砂浆的相关性能后进行调整。通过对白色物的初步检验，主要是干料中的岩粉，其他初步判定为乳化剂、稳定剂及其他外加剂的残留物。

63. 为什么会在板的观测孔和灌注孔中出现一层水或在封边砂浆处渗水?

答: 灌板后在板的灌浆孔和观察孔出现部分泌水（如图22所示)，有时在砂浆封边处也会泌水，这是砂浆中沥青集中破乳造成的。出现这种现象必须及时解决。我们认为砂浆中乳化沥青的破乳是个渐变的过程，破乳后多余的水会和干料中的水泥发生反应，同时多余的水会被底座板或轨道板吸收，不会引起砂浆的性能改变。但当砂浆中乳化沥青集聚破乳，砂浆水分增加迅速，会形成泌水，严重的泌水会在轨道板和砂浆结合层出现流水沟，影响砂浆的膨胀，影响粘结力，同时也会使砂浆出现收缩现象，降低砂浆的膨胀率，容易在砂浆与轨道板处留下裂缝。

图22　砂浆泌水

64. 为什么灌板后水泥乳化沥青砂浆在较长时间后仍不凝固？

答：出现这一现象主要应从两个方面考虑，第一是水泥，第二是乳化沥青，但重点要考虑乳化沥青。

水泥原因：检测水泥的凝结时间，看是否时间太长。水泥凝结时间过长是影响水泥乳化沥青砂浆硬化的重要原因。

乳化沥青：检测乳化沥青乳化剂、稳定剂掺量。如果乳化沥青乳化剂和稳定剂掺量过大，会延长乳化沥青的破乳时间，也会导致水泥乳化沥青砂浆长时间缓凝。但最主要的原因还是乳化沥青乳化剂等因素及乳化沥青存储不当造成的。出现变质（刺鼻的臭味）的乳化沥青必须清理出场，并对乳化沥青存储灌进行清洗，否则会对再存储的乳化沥青产生影响。

65. 灌板后观察硬化的水泥乳化沥青砂浆，出现连通的气孔是什么原因所致？该如何解决？

答：连通的气孔是指垫层砂浆中自上而下连通的气孔（如图23 所示）。

图 23 砂浆连通气孔

连通气孔的产生主要是由于底座板/水硬性支承层混凝土预湿不充分造成的。我们知道，混凝土是一多孔的材料，如果混凝土底座板/水硬性支承层未进行预湿或预湿处理不彻底，那么当水泥乳化沥青砂浆灌入板后，混凝土就会吸收水泥乳化沥青砂浆中的水分，从而置换出混凝土中的空气。置换出的空气在砂浆的底部集聚，当砂浆的顶部存在不饱满的空间时，存在于砂浆底部的空气团就会上浮，克服砂浆的阻力上升到砂浆的顶部，形成贯穿砂浆上下的连通气孔。

如何克服这一质量缺陷呢？应当说只要混凝土的预湿到位就不会产生连通气孔，问题的关键是怎样把握预湿的程度。预湿应当是把雾化的水汽喷洒在灌板的空间，让灌板空间充满雾化水气而有不在底座板面上产生积水。喷洒的多少取决于底座板的干湿程度，正确的做法是在灌板前预湿，根据天气情况决定预湿的时间，并封闭灌浆孔和观测孔，使得灌浆空间的混凝土充分吸水饱和而表面不积水。

66. 为什么灌板后在水泥乳化沥青砂浆表面会出现较大的气泡？如何克服这些不足？

答：如图 24 所示，如果水泥乳化沥青砂浆工作性不好，灌板工艺不到位就会出现较大的气泡。首先我们一直在强调没有好的砂浆不可能产生好的灌板效果，好的砂浆是灌好板的前提。

那么什么是好的砂浆呢？标准对扩展度和流动度规定如下：

扩展度：$D_5 \geqslant 280$ mm 和 $t_{280} \leqslant 16$ s；$D_{30} \geqslant 280$ mm 和 $t_{280} \leqslant 22$ s；

流动度：1 L 砂浆流出流动度仪的时间为 100 s ± 20 s。

从扩展度指标看，标准只作了扩展度的下限，对扩展时间给出了个上限值，但在实践工作中仅满足这些是不够的。实践证明，扩展度不应大于 320 mm，扩展稳定时间值不应小于 4 s。

图 24　砂浆表层出现气泡

消除如图 24 所示的缺陷应从两条途径解决：

第一，优化配方。标准规定了扩展时间 $D_5 \geqslant 280$ mm，但实践证明当 $D_5 = 320$ mm 时，生产无大气泡的砂浆垫层比较困难。这要求我们在实际工作中不断总结经验，只有配制好的砂浆才有可能生产出无缺陷的砂浆垫层。

第二，灌板工艺也是影响出现较大气泡的主要因素。灌板时要注意以下要点：一是遵循先慢后快的原则。先慢是说在开始灌板时放慢灌板速度，此阶段的目的是先把管道内的空气排出，不要把空气夹在砂浆里一道灌入板中。当管道内的空气全部排出，管道全被砂浆填充后放快灌板速度。二是灌板时管道的出口要尽量和浆面不产生较大的落差，防止液态砂浆的冲击或产生旋转把空气带入砂浆中。三是正常灌板时在灌注口要形成一定的液面差，确保灌浆口砂浆液面高出垫层高程。四是把握好灌浆速度，使水泥乳化沥青砂浆的流动能全断面等速前进，而不是分层前进。

把握上述几点就能有效地克服在水泥乳化沥青砂浆表面出现较大的气泡的缺陷。

67. 轨道板的压紧作业程序的要点有哪些？

答：（1）只有在封边作业完成并不会产生明显变化时，才能对轨道板进行压紧作业。

（2）对轨道板进行固定：

①在所有情况下，两块轨道板接缝（板端部）处都要安装压紧装置（如图 25 所示）。

图 25　压紧装置

②在超高大于 45 mm 时，固定装置位于轨道板的侧面中部和支承层/底座板上（如图 26 所示）。

（3）锚杆为 ϕ18 的特种材料制成，长度为 55 cm。

（4）在安装侧面压紧装置时，应让开中间一维精调千斤顶 20 cm，锚杆位置距板边 10 ~ 15 cm，用电动冲击钻打孔，深度为 10 ~ 15 cm。先用锚固胶填满钻孔，马上将锚杆压入孔中，锚杆必须垂直于底座板/支承层；侧面压紧装置和轨道板的搭接长度应在 3 cm 左右。

（5）安装压紧装置，将翼形螺母先用手拧紧，然后再锤击 2 到 3 下，保证已充分压紧，但不得引起轨道板的变形。可以在首次作业压紧时，在附近安装百分表进行观察，以掌握锤击力度。

（6）一般情况下，轨道板垫层砂浆灌浆结束后，水泥乳化

图 26　侧压紧装置

沥青砂浆强度达到 1 MPa 或 12 h(夏季)后可以拆除锚固装置。

68. 为什么灌板后在水泥乳化沥青砂浆表面会出现大量的微小气泡？它是否有害？

答：如图 27 所示，灌板后在水泥乳化沥青砂浆表面会出现大量的微小气泡，这些气泡的产生是膨胀剂所致。干料中掺加的

图 27　砂浆表面微小气泡

膨胀剂大都是以铝粉作为膨胀材料，铝粉同水反应会产生氢气。一般情况下，水泥乳化沥青砂浆在静止的状态下膨胀剂释放的氢气都能裹在砂浆里，但由于灌板的过程中总有在板下留有排不出的空气泡，板下的拉毛部分砂浆填充不密实等，膨胀剂发生作用后不断产生的氢气促使空气包等向压力小的区域移动，同时氢气远比砂浆轻，产生向上的运动，最后在砂浆表面形成了较多封闭的微小气泡。产生气泡是正常的，也是必然的，但我们所期待的气泡最好能裹在砂浆中，表面过多的气泡无疑对砂浆和板的粘结不利。克服或最大限度的减少这些气泡的方法是增加水泥乳化沥青砂浆的黏度(使水泥乳化沥青砂浆的流动度时间长)。出现的微小气泡是否有害呢？应当说只要不影响粘结效果，出现微小的气泡不会对工程产生不利影响。第一，气泡是封闭的有隔水作用，不会产生冻害；第二，浆体是饱满的，强度不会受损。

69. 灌板后，如何解决砂浆的膨胀过大或过小的问题？

答：在正式灌板前，要多次进行工程验证试验。一定要反复测定水泥乳化沥青砂浆的膨胀率，并根据这些数据来决定膨胀剂的掺加量，同时要根据膨胀发展稳定的时间改善膨胀剂。在干料的检验指标中虽然对干料砂浆的膨胀做了相应的规定(0～3%)，并不是说干料的膨胀率达到了要求，水泥乳化沥青砂浆的膨胀就一定能满足要求。因为不同干料和不同液料结合后膨胀会有所变化，最终是要以水泥乳化沥青砂浆灌板后的膨胀控制在0～1%为标准的。换句话说，干料的膨胀只作限定范围，干料和不同液料(包括硫化剂和消泡剂)组合后产生的膨胀效果存在着差异，但砂浆最终的膨胀必须达到标准要求。一般来说，水泥乳化沥青砂浆的膨胀过大就要减少膨胀剂，过小就要增掺膨胀剂。值得注意的是膨胀剂的掺量一般都在十万分之几，尺度并不好掌握。如果膨胀与标准相比误差不大，不妨对膨胀剂的细度进行调节，效果会更好。另外，也要很好地把握水泥乳化沥青砂浆的膨胀时间。膨胀发生的时间太早，极易导致膨胀量不足，乃至收缩；膨胀发生时间过晚或太长，板的压紧装置不能拆除，影响压紧装置的有效利用。

70. 水泥乳化沥青砂浆拌和后停留时间过长，但拌和物理指标均满足要求，是否可以用于灌板？

答：一般来说，水泥乳化沥青砂浆拌和好后超过 40 min 就不再进行灌板了，这主要是考虑干料中膨胀剂发挥效率的时效性原因。通过大量的试验证明，水泥乳化沥青砂浆灌入板后，随时间的延续，逐步发生膨胀，在 1 h 内膨胀量极小，当超出 1 h 后膨胀就会加快，到 6 h 时膨胀趋于完成。砂浆产生膨胀靠的是铝粉，铝粉作膨胀剂的机理是铝粉同水发生化学反应释放出氢气，微小氢气泡的产生裹在水泥乳化沥青砂浆中，使得砂浆的总体积增加，从而使砂浆产生膨胀。从这个意义上讲，我们认为在水泥乳化沥青砂浆拌和好后 40 min 内灌板完成比较合理，超过 40 min 砂浆仍未灌入，将会有氢气排出砂浆体外损失膨胀率。特别是 1 h 后，部分膨胀剂已经参与反应，损失了部分膨胀的氢气，最终导致膨胀量不足(还要看铝粉的细度)，使此板的膨胀低于其他各板，造成线路局部不平顺。当然 40 min 是否合理，还要通过针对不同的配方进行工程验证试验来决定最晚的浇注时间。

71. 灌板的排气孔应如何设置？

答：排气孔对灌板质量有非常大的影响，正确的排气孔设置应当是排气孔口上边缘和板底平齐，排气孔的直径大小一般不易小于 2 cm，且排气孔的角度在 15°左右(见图 28 所示)。因为砂浆在流动时总是把气由里向外推进，最终排向砂浆上部，这样设置有利于空气的排出；排气孔径小于2 cm，在灌浆速度较快时会造成排气不畅；排气孔的角度过大，砂浆不易排出，角度太小砂浆排出顺利，但堵孔不及时会在排气孔处出现低凹的砂浆坑。

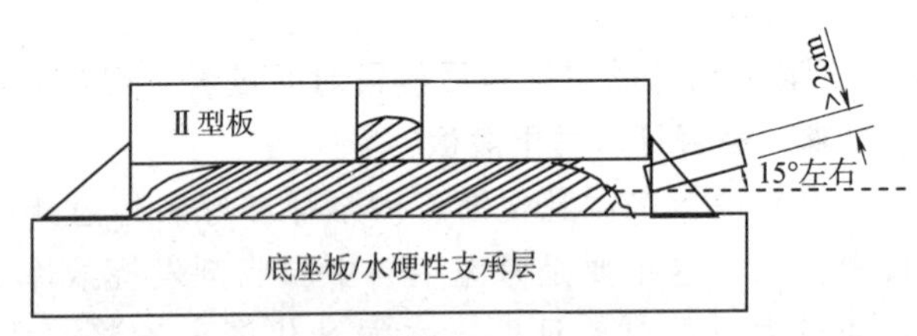

图28　正确的排气孔设置

72. 如何控制灌板时灌注速度?

答: 灌浆速度影响灌板效果这点毫无疑问，究竟灌浆速度是快好？还是慢好？应当说灌浆的速度要结合新拌砂浆物理性能而定。一般来说，灌浆速度慢，砂浆的运动不能以浆面等高度的方式运动，砂浆的流动呈一种叠加运动，形成了第二层覆盖前一层的流动方式。这样的运动方式，会出现两种不良后果，一是会造成砂浆的分层，二是会导致浆面和板底间出现大的气泡。灌浆灌注速度快，浆液的流动加快，灌浆口处的液面高度不易控制，容易产生灌浆或快或慢，产生气泡集聚，砂浆在局部容易流不到位，排气孔不能有效地发挥作用。如何掌握灌板的速度要根据水泥乳化沥青砂浆的扩展度时间和流动度时间，充分结合灌板的工程验证试验找出适应水泥乳化沥青砂浆配方的灌板速度。

一般的规律是先慢灌，当管道里的气排完，灌注口有一定的液面高度后快速灌注，当砂浆运动到轨道板的边缘时再慢速灌注。

73. 在灌板时为了保证灌板砂浆的饱满度，尤其是超高板的饱满度，水泥乳化沥青砂浆的灌浆孔浆面往往会比较高，不能放入连接筋或放入的连接筋会陷入砂浆内，如何解决？

答：按设计要求，水泥乳化沥青砂浆灌注口处的高度要低于Ⅱ型板顶面 10 ~ 15 cm，且要安装 S 形连接钢筋。但为了保证水泥乳化沥青砂浆的饱满，使灌浆孔浆液面较高很有必要，也必须这样施工，这样会出现 S 形连接钢筋被砂浆掩埋的现象。一般来说，灌板后当砂浆处于干绸状态时可在灌浆孔处把多余的砂浆舀出，放入连接筋即可，但为了确保砂浆的饱满度，特别是超高板的饱满度，在砂浆处于干绸状态时，舀出砂浆可能会导致超高位置出现微小缝隙。可先把连接筋放入正确的位置，不舀出浆液，待砂浆完全硬化后人工凿除。

74. 为什么灌板后会在板和浆的结合处有微缝隙或在局部出现不饱满现象？如何解决？

答：当拆除封边砂浆后有时在板的边角、板和浆的结合处会出现有微缝隙，一般来说，微缝深入板的深度都不会太大。那么怎么会出现这一现象呢？又如何解决呢？

出现这样的缺陷有三个方面的原因：

一是灌板速度过快，封边砂浆面太粗糙且局部透气，当浆液填满并封堵后，在随后的时间里水泥乳化沥青砂浆在一定的液面压力下，浆液会向粗糙的封边砂浆内渗透，促使局部边角液面下降。同时由于封边砂浆透气，在膨胀剂发生效应时，透气的封边砂浆把砂浆产生的气体放掉不能使砂浆膨胀，在板与砂浆面留下微缝，解决的办法是克服不正确的工艺方法。但当缺陷已经出现后，就要仔细的分析，当缝隙宽度很小，且深入板底深度很小时可不作处理，当缝隙宽度和深度较大时要揭板返工。

二是灌板并封堵后在局部漏浆，虽然进行了处理，但仍然有慢性漏浆，这样就会产生较大的缝隙。

三是排气(浆)孔设置不正确或封堵砂浆的方法不正确，导致了局部的不饱满。首先排气孔的位置必须在板的四角，且排气管的下缘要高于板的下缘，这样才能保证板内所有空间填充满后才能从排气孔流出浆液。其次在封堵砂浆时一定是要排出正常的浆液和排出足量的浆液。因为在灌板时，预湿的底座板上可能会在拉毛面上存在少量的水，这样前期排出的浆液会较稀，这些浆液一定要排掉。当排气孔出现正常的浆液后仍要在继续排出一部分浆液，这样有利于封堵在板下的气排出，确保灌板浆液的饱满度。

75. 在超高地带灌板时容易产生什么质量缺陷？如何克服？

答：在超高地带灌板最易产生的质量缺陷是超高地带砂浆不充盈、不饱满(如图 29 所示)。

图 29　超高地段出现不饱满

为了避免缺陷的出现，最好的办法是在Ⅱ型板的灌注孔和观察孔上全部加设灌浆斗(PVC)，保持灌浆的液面有足够的高度，在砂浆初凝后，拆除灌浆斗。同时在Ⅱ型板的超高侧，设置排气软管，使排气软管管口高出Ⅱ型板的底部一定距离，让软管畅通排出浆液后再进行封堵(如图30所示)。

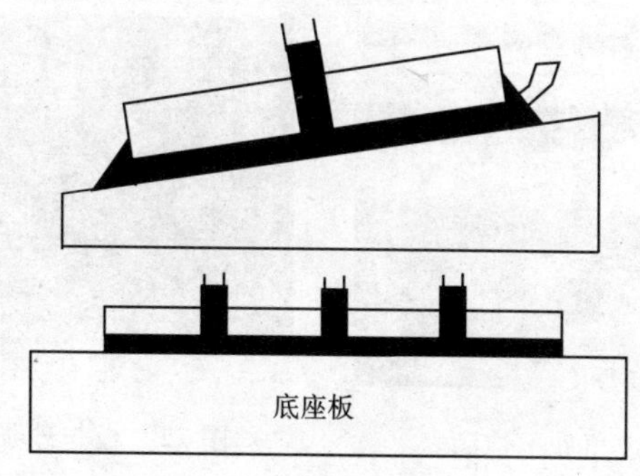

图30 正确的灌板

灌板的速度不要太快，对超高板来说，灌注速度慢，有利于气泡的排出。

封边一定要牢固且密闭性要好，封边不牢固，在砂浆的压力下容易使封边位移；封边不密实，砂浆会慢慢渗漏，这些都会使得灌注非常充盈的砂浆随时间的延续而在超高处产生缺陷。

76. 灌板后容易出现什么质量缺陷？应如何进行修复？

答： 目前，《客运专线铁路CRTSⅡ型板式无砟轨道水泥乳化沥青砂浆暂行技术条件》(科技基〔2008〕74号)没有对Ⅱ型板出现的质量缺陷如何进行处理和修复的规定，笔者仅把在工程验证试验中的一些做法向大家做一介绍。

灌板后容易产生的质量缺陷一般有两种，如图31和图32所示。

当出现了上述问题应如何解决呢？一般来说，当局部砂浆未能流到位，面积较大时，板与砂浆留有空隙，空隙深度大于

30 cm时要揭板重新灌注；当面积较小且能够进行凿除操作，板与砂浆留有的缝隙深度小于 30 cm 时，可进行补灌。

图 31　边角处不饱满

图 32　板与砂浆留有空隙

补灌时先要对不饱满的砂浆层进行凿除，凿除的深度不能太浅，一般要在 10 cm 以上。且要确保砂浆层齐平，不得使新旧砂浆层产生叠加现象（如图 33 所示）。

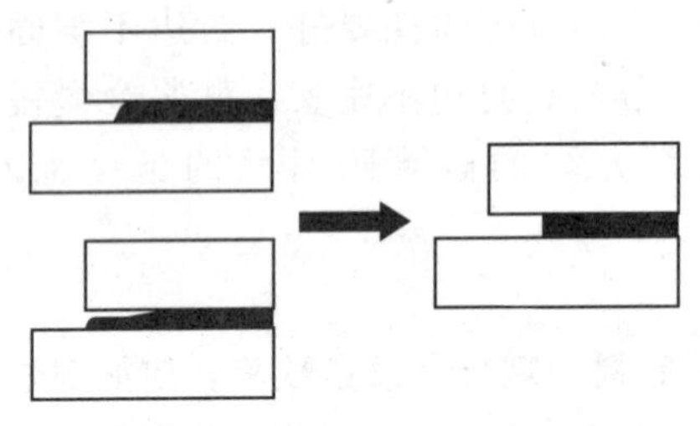

图 33　缺陷砂浆凿除

凿除完成后，用高压水枪或高压风对凿除的砂浆面进行清理。

立模。补灌时一般采用木模比较方便，模板的长度要大于缺陷长度 20 cm 左右，灌浆槽应留在缺陷最深的部位，灌浆槽尺寸以 20 cm × 20 cm为宜，模板高度要求在 20 cm 左右。在模板内侧每隔 50 cm 左右加一道支撑肋板，使得模板与Ⅱ型板间留有 2 cm

左右的孔隙。在模板的外侧底座板上植筋，并通过木契固定模板，在模板底部外侧抹砂浆，防止漏浆(如图34所示)。

图34　立模

补灌时，用容器盛浆液徐徐从灌浆槽倒入，要力求慢慢浇注，其目的是防止把气全部排出，浆液要高出板缝10 cm以上，使得浆液有一定的压力，确保补灌的砂浆能全部填满板缝(如图35所示)。

图35　灌　浆

在灌板24 h后，且砂浆达到2 MPa左右拆模，铲掉Ⅱ型板外多余的砂浆，用砂轮磨平。在灌板后要使得新旧砂浆连接密贴，饱满且无气泡(如图 36 所示)。

图 36　补灌效果

缺陷板修复的关键点：

①修补凿除深入板底尺寸不易太短，否则在荷载的作用下会脱落。

②必须清除粘结面。

③灌浆槽必须设在缺陷最深处。

④在砂浆灌注和硬化期(2 MPa)内不易挠动。

第四篇

附　件

附件一

客运专线铁路 CRTSⅡ型板式无砟轨道水泥乳化沥青砂浆暂行技术条件

科技基〔2008〕74 号

1　适用范围

本暂行技术条件适用于客运专线铁路 CRTSⅡ型板式无砟轨道用水泥乳化沥青砂浆(以下简称水泥乳化沥青砂浆)。严寒地区用水泥乳化沥青砂浆另行补充规定。

本暂行技术条件规定了 CRTS Ⅱ型板式无砟轨道水泥乳化沥青砂浆及其原材料的技术要求、试验方法、施工工艺和质量检验等。

2　规范性引用文件

下列文件中的条款通过本暂行技术条件的引用而成为本暂行技术条件的条款。凡是注明日期的引用文件，其随后所有的修改单(不包括勘误的内容)或修订版均不适用于本暂行技术条件，然而，鼓励根据本暂行技术条件达成协议的各方研究是否可使用这些文件的最新版本。凡是不注明日期的引用文件，其最新版本适用于本暂行技术条件。

GB/T 15180—2000　重交通道路石油沥青
GB 175　硅酸盐水泥、普通硅酸盐水泥
GB 8076　混凝土外加剂
GB/T 8077—2000　混凝土外加剂匀质性试验方法
GB/T 2085.1—2007　铝粉

GB/T 17671—1999	水泥胶砂强度检验方法
GB/T 19627—2005	粒度分析　光子相关光谱法
TB/T 2922.1—1998	铁路混凝土用骨料碱活性试验方法　岩相法
TB/T 2922.5—2002	铁路混凝土用骨料碱活性试验方法　快速砂浆棒法
JC 476—2001	混凝土膨胀剂
JC/T 797—1996	皂液乳化沥青
JTG F40—2004	公路沥青路面施工技术规范
JTJ 052—2000	公路工程沥青及沥青混合料试验规程
JGJ 63—2006	混凝土用水标准
JGJ 52—2006	普通混凝土用砂、石质量及检验方法标准
JG/T 223—2007	聚羧酸系高性能减水剂

3　术　　语

3.1　水泥乳化沥青砂浆

由乳化沥青、水泥、细骨料、水和外加剂经特定工艺搅拌制得的具有特定性能的砂浆。

3.2　乳化沥青

沥青或改性沥青与水在乳化剂、稳定剂等的作用下经机械剪切作用下制得的均匀分散体。

3.3　干　　料

由水泥、细骨料、外加剂等按一定比例经机械搅拌制得的均匀干粉材料。

3.4　流 动 度

水泥乳化沥青砂浆从规定的漏斗中全部连续流出的时间，以秒（s）计。

4 原材料性能要求

4.1 沥 青

应选用重交通道路石油沥青或道路石油沥青（B 级以上），其主要性能应满足表 5 的要求。用于生产沥青的原油宜固定。

表 5 沥青的性能指标要求

序号	项 目		单位	性能指标要求	试验方法
1	针入度（25 ℃，100 g，5 s）		0.1 mm	60 ~ 100	JTJ 052—2000
2	延度（5 cm/min，10 ℃）		cm	≥15	
3	软化点（环球法）		℃	42 ~ 52	
4	闪点（COC）		℃	≥230	
5	含蜡量（蒸馏法）		%	≤2.2	
6	密 度		g/cm³	≥1.0	
7	溶解度（三氯乙烯）		%	≥99.0	
8	薄膜加热试验后的残留物（163 ℃，5 h）	质量损失	%	≤0.6	
		针入度比	%	≥50	
		延度(10 ℃)	cm	≥6	
		脆 点	℃	≤ -10	

4.2 改性沥青

沥青可采用 SBS 或 SBR 进行改性，其主要性能应分别符合表 6 和表 7 的要求，其中 PI 值可作为选择性指标。用于生产改性沥青的沥青性能应满足表 5 的要求。

表6　SBS改性沥青的性能指标要求

序号	项　　目		单位	性能指标要求				试验方法
				Ⅰ-A	Ⅰ-B	Ⅰ-C	Ⅰ-D	
1	针入度（25℃，100g，5s）		0.1mm	>100	80~100	60~80	30~60	JTJ 052—2000
2	针入度指数PI			≥-1.2	≥-0.8	≥-0.4	≥0	
3	延度（5℃，5cm/min）		cm	≥50	≥40	≥30	≥20	
4	软化点（TR&B）		℃	≥45	≥50	≥55	≥60	
5	运动黏度（135℃）		Pa·s	≤3				
6	闪点（COC）		℃	≥230				
7	溶解度		%	≥99				
8	离析，软化点差		℃	≤2.5				
9	弹性恢复（25℃）		%	≥55	≥60	≥65	≥75	
10	薄膜加热试验后的残留物（163℃，5h）	质量损失	%	≤1.0				
		针入度比(25℃)	%	≥50	≥55	≥60	≥65	
		延度(5℃，5cm/min)	cm	≥30	≥25	≥20	≥15	

表7　SBR改性沥青的性能指标要求

序号	项　　目	单位	性能指标要求			试验方法
			Ⅱ-A	Ⅱ-B	Ⅱ-C	
1	针入度（25℃，100g，5s）	0.1mm	>100	80~100	60~80	JTJ 052—2000
2	针入度指数PI		≥-1.0	≥-0.8	≥-0.6	
3	延度（5℃，5cm/min）	cm	≥60	≥50	≥40	

续上表

序号	项　　目		单位	性能指标要求			试验方法
				Ⅱ-A	Ⅱ-B	Ⅱ-C	
4	软化点（TR&B）		℃	≥45	≥48	≥50	JTJ 052—2000
5	运动黏度（135 ℃）		Pa·s	≤3			
6	闪点（COC）		℃	≥230			
7	溶 解 度		%	≥99			
8	黏 韧 性		N·m	≥5			
9	韧　　性		N·m	≥2.5			
10	薄膜加热试验后的残留物（163 ℃,5 h）	质量损失	%	≤1.0			
		针入度比（25 ℃）	%	≥50	≥55	≥60	
		延度(5 ℃,5 cm/min)	cm	≥30	≥20	≥10	

4.3　乳化沥青

应采用满足要求的沥青或改性沥青进行生产，其主要性能除应满足表 8 的要求外，还必须满足水泥乳化沥青砂浆的最终性能。

表 8　乳化沥青的性能指标要求

序号	项　　目	单位	性能指标要求	试验方法
1	筛上剩余物（1.18 mm）	%	<0.1	JTJ 052—2000
2	颗粒极性		阴	
3	粒　　径	μm	平均粒径≤7； 模数粒径≤5	GB/T 19627—2005
4	水泥适应性		20 s 内至少流出 70 mL 样	附录 A

续上表

序号	项　目		单位	性能指标要求	试验方法
5	贮存稳定性（1 d，25 ℃）		%	<1.0	JTJ 052—2000
6	贮存稳定性（5 d，25 ℃）		%	<5.0	
7	低温贮存稳定性（-5 ℃）[1]			无粗颗粒或块状物	
8	蒸发残留物	残留物含量	%	≥60	JTJ 052—2000
9		针入度（25℃，100 g，5 s）	0.1 mm	40～120	
10		软化点（环球法）	℃	≥42	
11		溶解度（三氯乙烯）	%	≥99	
12		延度（25 ℃）	cm	≥100	
13		延度（5 ℃）[2]	cm	≥20	

注：（1）当乳化沥青实际使用中经过低温贮存和运输时，进行此项检测。
（2）当采用改性沥青制备乳化沥青时，按此项进行蒸发残留物延度检测。
（3）表中附录A见《客运专线铁路CRTSⅡ型板式无砟轨道水泥乳化沥青砂浆暂行技术条件》（科技基〔2008〕74号）。

4.4 干　料

4.4.1 干料的主要性能应满足表9的要求。

表9　干料的性能指标要求

序号	项　目		单位	性能指标要求	试验方法
1	级配	筛孔尺寸（mm）	%	通过率	JGJ 52—2006
		1.18		100	
		0.6		90～100	
		0.3		55～70	
		0.15		45～55	
		0.075		35～45	

续上表

序号	项目		单位	性能指标要求	试验方法
2	扩展度[(1)]		mm	水灰比≤0.58 D_5≥160；D_{30}≥150	附录 B
3	膨胀率[(2)]		%	0～3	附录 C
4	抗压强度	1 d	MPa	≥12	附录 D
		7 d		≥30	
		28 d		≥35	

注：(1) D_5 表示出机扩展度；D_{30}表示 30 min 扩展度。

(2) 当干料膨胀率不满足要求而水泥乳化沥青砂浆膨胀率满足要求时，可对此值不作要求。

4.4.2 用于配制干料的水泥应采用硅酸盐水泥，其性能应符合 GB 175 的相关规定。

4.4.3 用于配制干料的细骨料应采用河砂或机制砂，不得使用海砂，最大粒径 1.18 mm，其他主要性能应满足表 10 的要求。

表 10 细骨料的性能指标

序号	项目	单位	指标要求		试验方法
			河砂	机制砂	
1	表观密度	g/cm^3	≥2.55		JGJ 52—2006
2	含水率	%	<0.1		
3	吸水率	%	<3.0		
4	泥块含量	%	<1.0	—	
5	含泥量	%	<2.0	—	

续上表

序号	项　目	单位	指标要求		试验方法
			河砂	机制砂	
6	石粉含量	%	—	<5.0	JGJ 52—2006
7	坚固性	%	≤8		
8	有机物（比色法）		合格		
9	氯化物含量	%	<0.02		
10	硫化物及硫酸盐含量（折算成 SO_3）	%	≤0.5		
11	碱活性（快速砂浆棒法）	%	≤0.10		TB/T 2922.5—2002

4.4.4　用于配制干料的铝粉、膨胀剂的性能应分别符合 GB/T 2085.1、JC 476 的相关规定。

4.5　减水剂

主要性能应符合 GB 8076 或 JG/T 223 的规定。

4.6　水

主要性能应符合 JGJ 63 的规定。

4.7　消泡剂

宜采用有机硅类消泡剂产品。

4.8　原材料的储存与管理

4.8.1　原材料进厂（场）后，应及时建立原材料管理台账。台账内容应包括进货日期、材料名称、品种、规格、数量、生产单位、生产日期、质量证明书编号、复验报告编号、使用区段里程等。管理台账应填写正确、真实、项目齐全。

4.8.2　原材料的储存应按品种、生产厂家分别储存，不同品种、不同生产厂家的原材料不得混装、混堆。

4.8.3 乳化沥青、干料、减水剂等应遮光储存，避免阳光直射。

4.8.4 袋装材料的储存要采取相应的防水、防潮措施。

4.8.5 乳化沥青储罐应配有搅拌设备，定期对乳化沥青进行搅拌，使其均匀。使用前，应将乳化沥青搅拌均匀。

4.8.6 原材料在储存和使用过程中，其温度应严格控制在限界温度范围内。乳化沥青、干料的进场、贮存、使用温度宜控制在5℃~30℃；未作明确要求的，材料的适宜贮存和使用温度以保证砂浆的温度要求为前提。环境温度低于5℃时，应对原材料采取必要的保温措施。

4.8.7 乳化沥青的储存时间不宜大于3个月，干料的储存时间不宜大于1个半月。

4.8.8 对于检验不合格的原材料，应按有关规定清除出厂（场）。

5 技术要求

5.1 水泥乳化沥青砂浆性能指标应满足表11的要求。

表11 水泥乳化沥青砂浆的性能指标要求

序号	项 目	单 位	性 能 指 标 要 求	试验方法
1	拌和物温度	℃	5~35	温度计
2	扩展度(1)		$D_5 \geqslant 280$ mm 和 $t_{280} \leqslant 16$ s $D_{30} \geqslant 280$ mm 和 $t_{280} \leqslant 22$ s	附录E
3	流 动 度	s	80~120	附录F
4	分 离 度	%	≤3.0	附录G
5	含 气 量	%	≤10.0	附录H
6	单位容积质量	kg/m³	≥1800	锥形瓶
7	膨 胀 率	%	0~2.0	附录C

续上表

序号	项目		单位	性能指标要求	试验方法
8	抗折强度	1 d	MPa	≥1.0	附录 J
		7 d		≥2.0	
		28 d		≥3.0	
9	抗压强度	1 d	MPa	≥2.0	
		7 d		≥10.0	
		28 d		≥15.0	
10	弹性模量（28 d）		MPa	7000～10000	附录 J
11	抗冻性（28 d）		—	外观无异常，剥落量≤2 000 g/m²，相对动弹模量≥60%	附录 K
12	抗疲劳性（28 d）		—	10 000 次不断裂	附录 L

注：（1）D_5 表示砂浆出机扩展度；D_{30} 表示砂浆出机 30min 时的扩展度；t_{280} 表示砂浆扩展度达 280 mm 时所需的时间。
（2）表中试验方法所列的附录见《客运专业铁路 CRTSⅡ型板式无砟轨道水泥乳化沥青砂浆暂行技术条件》（科技基〔2008〕74 号）

5.2 选定水泥乳化沥青砂浆配合比应遵循如下基本规定：

5.2.1 水泥用量宜不小于 400 kg/m³。

5.2.2 乳化沥青与水泥的比值宜不小于 0.35。

5.2.3 水灰比宜不大于 0.58。

5.2.4 配合比设计时应考虑施工环境温度条件变化对砂浆拌和性能的影响。

5.3 水泥乳化沥青砂浆的配合比应通过适当选取原材料、计算、试配、调整等步骤选定。当乳化沥青、干料的生产原材料、生产配合比等发生改变时，应重新选定配合比。

6　施工技术要点

6.1　施工前准备

6.1.1　质量管理各方应根据设计要求、工程性质以及施工管理要求，建立具有相应资质的试验室。

6.1.2　施工单位和监理单位应确定专门从事水泥乳化沥青砂浆关键工序施工的操作人员和试验检验人员，人员需经专业培训后方可上岗。

6.1.3　施工单位应针对设计要求、施工工艺和施工环境等因素的特点，会同设计和监理方，共同制定施工全过程的质量控制与保证措施。

6.1.4　施工单位应制定周密的施工方案，特别应制定明确的水泥乳化沥青砂浆养护方案。

6.1.5　施工单位应建立完善的质量保证体系和健全的施工质量检验制度，加强对施工过程每道工序的检验，发现与规定不符的问题应及时纠正，并按规定做好记录。

6.1.6　施工单位应明确施工质量检验方法和手段。质量检验方法和手段应符合本暂行技术条件的规定以及国家和铁道部的相关标准要求，检验结果应真实可靠。

6.1.7　施工单位应针对不同施工季节进行水泥乳化沥青砂浆工艺和配合比试验，验证并完善水泥乳化沥青砂浆的施工工艺，发现问题及时调整。

6.2　拌　　制

6.2.1　水泥乳化沥青砂浆原材料应严格按照施工配合比要求进行准确称量。称量最大允许偏差（按质量计）应符合下列要求：乳化沥青为 ±1%，干料为 ±1%，外加剂为 ±0.5%，拌和用水为 ±1%，消泡剂为 ±0.5%。

6.2.2　水泥乳化沥青砂浆应采用专用设备进行拌和，原材料应采用电子计量系统计量。设备及计量系统经校核后方可使用，正常使用时每周对设备及计量器具应至少校核一次。

6.2.3 水泥乳化沥青砂浆搅拌机转速应在0~200 r/min范围内可调。

6.2.4 水泥乳化沥青砂浆的具体投料顺序、搅拌速度、搅拌工艺应通过试验确定。

6.2.5 炎热季节或低温下进行水泥乳化沥青砂浆拌制时，应采取相应措施控制材料温度，以保证砂浆拌和物温度。

6.2.6 水泥乳化沥青砂浆的一次搅拌量宜为搅拌设备额定搅拌容量30%~80%。具体搅拌量根据垫层砂浆厚度经过计算确定。

6.2.7 工作日施工结束或施工中断时，应及时对搅拌设备、灌注设备等进行冲洗；更换原材料时，应对相应器具、管道进行清洗。

6.3 灌　注

6.3.1 水泥乳化沥青砂浆施工前，应针对工程特点、环境条件与施工条件设计初步灌注方案，进行实尺灌注试验，对水泥乳化沥青砂浆的性能、轨道板膨胀情况进行测定，同时对灌板效果进行揭板检查，检查轨道板与水泥乳化沥青砂浆的粘接情况、水泥乳化沥青砂浆表面状态、板底砂浆充盈度等，以此确定水泥乳化沥青砂浆的灌注工艺。水泥乳化沥青砂浆灌注过程中，不得无故更改事先确定的灌注方案。

6.3.2 水泥乳化沥青砂浆灌注前，应确认轨道板标高及轴向平顺满足要求，检查千斤顶的受力状态及其紧固程度，并确定封边砂浆的强度在有保证的情况下方允许灌注。

6.3.3 在干燥季节进行水泥乳化沥青砂浆灌注时，应提前对底座混凝土采用高压水枪进行预湿，但不得在底座混凝土表面形成明水、积水。

6.3.4 水泥乳化沥青砂浆的灌注应一次完成。

6.3.5 水泥乳化沥青砂浆灌注时应按相关规定进行砂浆性能试验及抽检试件成型。

6.3.6　水泥乳化沥青砂浆灌注时，应持续对砂浆进行低速搅拌。

6.3.7　水泥乳化沥青砂浆灌注时应通过注入漏斗注入，自由倾落高度不宜大于1.5 m，以避免水泥乳化沥青砂浆的分层离析。

6.3.8　水泥乳化沥青砂浆灌注时，待观察到排气孔流出砂浆，并确认气泡完全排出后，及时对排气孔进行封堵。

6.3.9　待排气孔封堵完成、注入漏斗砂浆高出板底最高处砂浆一定高度后可停止灌注，具体情况根据确定的施工工艺、砂浆性能及轨道板的上浮情况进行确定。

6.3.10　当气温高于40 ℃或低于5 ℃时，不允许进行砂浆灌注施工。当天最低气温低于-5 ℃时，全天不许进行砂浆灌注。雨天不得进行水泥乳化沥青砂浆施工，并应对灌注后未硬化的水泥乳化沥青砂浆进行覆盖，防止雨水进入轨道板底。

6.3.11　当砂浆流动性失去时，取掉注入漏斗，将注入孔中多余的砂浆掏出，使砂浆的表面距离轨道板上沿约15 cm。

6.4　养　护

6.4.1　水泥乳化沥青砂浆的养护原则上按自然养护进行。

6.4.2　当日最低气温可能在0 ℃以下时，应对新灌注的砂浆采取适当的保温措施。

6.4.3　当水泥乳化沥青砂浆膨胀完成后，可拆除紧压装置。当水泥乳化沥青砂浆抗压强度达到1.0 MPa后，可拆除精调千斤顶。

6.4.4　水泥乳化沥青砂浆抗压强度达到3.0 MPa以上后方可在轨道板上承重。

6.5　环保要求

施工中产生的污水及废料要集中妥善处理，不得污染环境。

7　质量检验

水泥乳化沥青砂浆的质量检验分型式检验、原材料进场检查、日常检验。

7.1 型式检验

型式检验包括原材料型式检验和水泥乳化沥青砂浆型式检验。型式检验应委托具有相应资质的检验单位进行。

7.1.1 原材料型式检验

a) 在以下任一情况下，应对乳化沥青、干料的性能进行型式检验，检验项目和检验结果应满足本暂行技术条件的要求：配合比选定时；首批材料进场时；每施工5000 m^3 水泥乳化沥青砂浆时（不足时按一批计算）。

b) 在以下任一情况下，应对减水剂的性能进行型式检验，检验项目和检验结果应满足本暂行技术条件的要求：首批减水剂进场时；选用新减水剂时；每当减水剂使用6个月时。

c) 在以下任一情况下，应对沥青、水泥、砂的性能进行型式检验，检验项目和检验结果应满足本暂行技术条件的要求：配合比选定时；每施工5000 m^3 水泥乳化沥青砂浆时（不足时按一批计算）。

d) 水的型式检验批次按相关规定进行。

7.1.2 水泥乳化沥青砂浆性能型式检验

在以下任一情况下，应对水泥乳化沥青砂浆的性能进行型式检验，检验项目和检验结果应满足本暂行技术条件的要求：配合比选定时；选用新材料时；每施工5000 m^3 水泥乳化沥青砂浆时（不足时按一批计算）。

7.2 原材料进场检查

原材料进场时，应对原材料的品种、数量以及质量证明书等进行核查验收。乳化沥青的质量证明书中应含采用的沥青或改性沥青的质量证明文件，干料质量证明书应含采用的水泥、细骨料的相关质量证明文件。

7.3　日常检验

日常检验包括：原材料日常检验及水泥乳化沥青砂浆日常检验。原材料日常检验项目及检验频率见表12。水泥乳化沥青砂浆日常检验项目及抽检频率见表13。检验结果应满足本暂行技术条件的要求。

表12　原材料日常检验项目及抽检频率

原材料名称	检验项目	抽检频率
乳化沥青	温　度	同厂家、同生产日期的产品每200 t检验一次，不足200 t也需检验一次
	筛上剩余物（1.18 mm）	
	水泥适应性	
	贮存稳定性（1 d）	
	蒸发残留物含量	
减水剂	减水率	同厂家、同批号、同品种、同出厂日期的产品每50 t检验一次，不足50 t也需检验一次
干　料	温　度	同厂家、同生产日期的产品每500 t检验一次，不足500 t也需检验一次
	颗料级配	
	强　度	

表13　水泥乳化沥青砂浆日常检验项目及抽检频率

序　号	检验项目	抽检频率
1	砂浆温度	首盘；1次/10盘
2	流动度	首盘；1次/10盘
3	扩展量	首盘；1次/10盘

续上表

序　号	检　验　项　目	抽　检　频　率
4	含 气 量	首盘；1次/10盘
5	单位容积质量	首盘；1次/10盘
6	膨 胀 率	1次/工班
7	分 离 度	1次/工班
8	抗折强度	1次/工班
9	抗压强度	1次/工班

7.4　检验报告

检验报告应包括下列内容：

7.4.1　检验项目名称。

7.4.2　试样来源、品种、规格及养护方法。

7.4.3　试样编号、尺寸、外观质量及数量。

7.4.4　环境条件、试验温度。

7.4.5　试验设备及仪表。

7.4.6　检验结果（含单个值及算术平均值）。

7.4.7　检验人员、日期及其他。

附件二

水泥乳化沥青砂浆用组成干料的各材料要求

干料由硅酸盐水泥、级配骨料、铝粉组成。

1. 硅酸盐水泥技术要求采用P·Ⅰ或P·Ⅱ硅酸盐水泥。

（1）可反应CaO和可反应SiO_2质量含量应至少为50%。

（2）水泥中熟料中的硅酸钙（C_3S和C_2S）的含量应至少达到三分之二，其余部分由含铝、铁的熟料物质及其他化合物组成。

（3）CaO和SiO_2的质量之比应至少为二比一。

（4）氧化镁MgO含量不应超过质量的5.0%。

（5）水泥熟料的比例应占质量的95%～100%，其他成分占质量的0～5%。

（6）两天后的强度应大于等于20 N/mm^2。

（7）28天后的标准强度应大于等于42.5 N/mm^2并小于等于62.5 N/mm^2。

（8）水泥的初凝时间应大于等于60 min。

（9）通过雷氏夹测定的水泥安定性小于等于10 mm。

（10）在975 ℃ ±25℃条件下的烧失量小于等于质量的5.0%。

（11）使用盐酸（HCL）和碳酸钠（Na_2CO_3）测定的不溶物小于等于质量的5.0%。

（12）硫酸盐含量（这里指SO_3）小于等于质量的4.0%。

（13）氯化物含量小于等于质量的0.10%。

（14）低需水量。

2. 级配骨料技术要求(0～1 mm)

(1) 必须使用天然砂或机制砂。

(2) 骨料表观密度小于等于2.8 kg/dm^3。

(3) 骨料粒径应小于等于1.0 mm。

(4) 小于等于0.15 mm粒径的骨料应占质量的40%～50%。

(5) 碱—骨料反应(AKR)小。

(6) 水溶性氯离子的氯化物含量小于等于质量的0.02%。

(7) 总含硫量小于等于质量的1%。

(8) 酸溶性硫酸盐含量小于等于质量的0.2%。

(9) 有机杂质或者其他物质的含量，不应造成砂浆试件的凝固时间延长120 min以上，以及降低抗压强度超过15%。

(10) 轻物质含量与有机杂质含量应小于等于质量的0.25%(例如木材，泥炭，褐煤，叶片)。

(11) 低需水量。

3. 铝粉技术要求

(1) 有效成分：铝粉。

(2) 形态：粉末。

(3) 均匀性：均质的。

(4) 固体含量：>95.0%。

(5) 振动密度：(920±20) kg/m^3。

(6) pH值：8.0±1(3%的悬浮液)。

(7) 氯离子的含量：<0.10%。

(8) 碱(Na_2O的等价物) 含量：<0.5%。

(9) 存储：防潮、防冻以及过热条件，在封闭的原包装中贮存。

(10) 推荐的掺量范围：约为水泥质量的0.20%～2.00%。

(11) 在原密封包装中储存约一年。

4. 干料进场检验项目见表14

表 14

序号	检验项目	验收标准		检验方式
1	交货单	符合约定要求		目测检查
2	温 度	<30 ℃		用插入式温度计检测
3	筛 分			筛分试验
4	封样			5 kg，做好标识
5	需水量	达到要求值		Okamura 法
6	扩展度（mm）	5 min	≥160	赫格曼（Hägermann）试验台测定流动扩散量
		30 min	≥150	
7	膨胀量（%）	0～3		用简易量筒法
8	凝结时间	初凝	>120 min	GB 1346—2001
		终凝	<180 min	
9	抗压强度（MPa）	1 d	>12	GB/T 17671—1999 水灰比采用 0.58
		28 d	>35	

附件三

水泥乳化沥青砂浆用乳化沥青进场检验项目

水泥乳化沥青砂浆用乳化沥青进场检验项目见表15。

表15 水泥乳化沥青砂浆用乳化沥青进场检验项目

检验项目	验收标准	检验方式	检验频次
交货单	符合合同要求	目测检查	每次进货
温度	<30℃	用插入式温度计检测	每次进货
水泥相容性	无破乳，>70 mL	流动度仪检验	一次/200 t或每次进货
固含量	>60%	T 0652—1993	每次进货
封样		5 kg，做好标识	每次进货

附件四

需水量试验方法

一、试验材料

此试验章程适用于确定水泥、粉煤灰、石灰岩粉以及由上述物质组成的混合物的需水量。

二、仪 器

需要使用以下仪器：

(1) 海格曼台的漏斗。

(2) 刮尺。

(3) 玻璃板(直径至少 30 cm)。

(4) 折尺以及直尺。

(5) 试验室用砂浆搅拌机和控制装置。

(6) 勺子。

(7) 秤。

三、试验准备

(1) 将所有原材料(包括水)预先置于 20 ℃ ±2 ℃ 的试验室温度下，以使它们在试验的时候显示一样的温度。

(2) 试验开始前要已知固料的密度，或者通过合适的方法求得。

(3) 固料的体积应介于 250 ~ 350 cm^3。建议使用以下标准称取物料：

水泥和石灰岩粉 800 g；粉煤灰 700 g。

（4）固料和水的称取应精确到0.1 g。

（5）试验开始之前，通过水（V_w）和固料（V_p）之间选取的容积比计算出需水量。V_w/V_p可根据各固料的需水量介于0.6和1.5之间。

（6）海格曼台的漏斗和玻璃板必须清洁，干燥。将漏斗置于平放的玻璃板中心。

（7）试验室用砂浆搅拌机采用水泥胶砂强度检验方法（ISO法）规定的胶砂搅拌机，低转速搅拌60 s，然后高转速搅拌30 s，静停90 s，再高转速搅拌60 s。

（8）试验开始前需湿擦搅拌桶和搅拌工具。

四、试验步骤

（1）向搅拌桶内倒入根据选定的容积比得出的水量，之后加入称量好的固料，将搅拌桶装入搅拌机内，并开动机器。

（2）搅拌间歇时，用勺子刮搅拌桶的边缘。打散桶底出现的结块，并稍微搅拌一下。

（3）搅拌流程结束后，取下搅拌桶，填满海格曼台漏斗。此时要避免漏斗浮起。使用刮平尺将多余的用料平整地刮走。如果此时有余料落到玻璃板上，则使用干布拭去。

（4）接着，将海格曼台漏斗匀速并且无间歇地垂直拔起。

（5）浆体流出后，在两个相对应的直角方向上测量扩展的浆体直径，精确到1 mm，单值的误差不应超过10 mm。将两次测量的中间值作为结果以毫米为单位记录下来。根据不同的V_w/V_p值，得出坍落流动度介于140～230 mm。如果坍落扩展度过小，试验视为无效，应提高这一固料的用水量。过大的坍落扩展度下试验也为无效，降低这一固料的用水量。

（6）计算确定β_p值时，需至少再进行两次使用不同V_w/V_p比的此种试验。这里不用改变固料的称量。用水量根据所选的

V_w/V_p 值而定。

五、求 值

待求的 β_p 值是一个无单位参数，它表示了在水—固料混合物尚未开始流动时，水与固料的容积关系。它可以借助进行的试验，用图解或者计算方式求得。

求值需通过以下公式，算出从坍落扩展度导出的伽马函数值（Γ）：

$$\Gamma = 坍落扩展度 / 100^2 - 1$$

式中，100 这个数值是以毫米为单位的海格曼台漏斗底部的内直径。不同的漏斗尺寸则用所使用漏斗的内直径计算。

具体计算见表 16。

表 16

体积比	1:1	1:2	1:3	1:4
体 积	0.25			
比 重	3.1			
质 量	775 g	775 g	775 g	775 g
加水量	300 g	325 g	350 g	375 g
坍落扩展度	152	179	197	223
伽马函数值	1.3104	2.2041	2.8809	3.9729

1. 图解求值

在图中以 Γ 代表纵坐标，V_w/V_p 代表横坐标。接着，标出每个 V_w/V_p 容积比下求得的 Γ 值。求得的数对通过一条直线连接起来，和横坐标的交点就是求得的 β_p 值。图 37 列举了一个图解法

求 β_p 值。

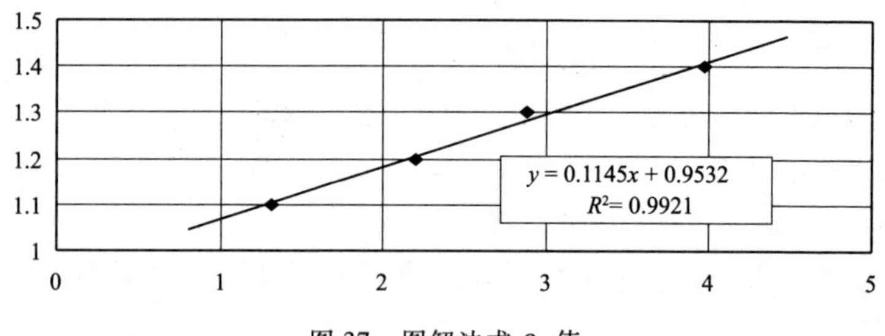

图 37　图解法求 β_p 值

2. 计算求值

（1）借助线性回归，可以用数对 V_w/V_p 和 Γ，根据函数 $V_w/V_p = m\cdot\Gamma + n$ 求出其斜率和与 y 轴的交点。n 即为待求的 β_p 值。

（2）相关系数 R^2 在这种试验方法中应取自大于 0.98 的三个测量点。较小的相关系数需要进行第四次试验确定另一个测量点。

附件五

电动跳桌测定流动扩散量

一、试验仪器

（1）带有固定漏斗和捣锤的电动跳桌。

（2）刮平尺。

（3）胶砂搅拌机。

二、试验步骤

（1）流动量试验台应水平放置在一个不变形的刚性底座上，例如放在混凝土基座上。每次试验开始前应湿擦玻璃板和固定漏斗内面。

（2）称取干料试样 1 000 g，精确至 1.0 g。

（3）采用水灰比 0.5，计算加水量。

（4）搅拌时，先将水加入搅拌锅中，再加干料，启动搅拌机，慢速搅拌 60 s，快速搅拌 30 s，停 90 s，再快速搅拌 60 s。

（5）固定漏斗放在电动跳桌的玻璃板中间，分两层填入漏斗。每一层都应使用捣锤进行几次短促的冲捣加以压实。在装料过程中固定漏斗要用手压在玻璃板上，刮平并清洁玻璃板的空表面。30 s 后应将固定漏斗缓慢地垂直向上拔出，并进行 15 次上下冲击使干组分配料在玻璃板上流动扩散(每秒钟冲击一次)。

（6）检测时直径应在两个相对应的直角方向进行测量。测量结果以 mm 为单位给出，并准确到 1 mm。要列出单项值和运算平均值。

附件六

乳化沥青固含量检验方法

一、目的与适用范围

本方法适用于测定各类乳化沥青中加热脱水后、残留沥青的含量。

二、仪具与材料

（1）试样容器：容量1 500 mL、高约60 mm、壁厚0.5～1 mm的金属盘，也可用小铝锅或瓷蒸发皿代替。

（2）天平：感量不小于1 g。

（3）烘箱：装有温度控制器。

（4）电炉或燃气炉：有石棉垫。

（5）玻璃棒。

（6）其他：温度计、溶剂、洗液等。

三、方法与步骤

（1）将试样容器、玻璃棒等洗净、烘干并称其合计质量（m_1）。

（2）在试样容器内称取搅拌均匀的乳化沥青试样300 g ± 1 g，称取容器、玻璃棒及乳液的合计质量（m_2），准确至1 g。

（3）将盛有试样的容器连同玻璃棒一起置于电炉或燃气炉（放有石棉垫）上缓缓加热，边加热边搅拌，其加热温度不应致乳液溢溅，直至确认试样中的水分已完全蒸发（通常需20～30 min），然后在（163 ± 3.0）℃下加热1 min。

（4）取下试样容器冷却至室温，称取容器、玻璃棒及沥青一起的合计质量(m_3)，准确至1 g。

四、计　　算

乳化沥青试样的蒸发残留物含量按下式计算，并以整数表示：

$$P_b = (m_3 - m_1)/(m_2 - m_1) \times 100$$

式中　P_b——乳化沥青中的沥青含量(%)，试验计算精确到0.1%；

m_1——试样容器、玻璃棒合计质量(g)；

m_2——试样容器、玻璃棒及乳液的合计质量(g)；

m_3——试样容器、玻璃棒及残留物合计质量(g)。

五、报　　告

同一试样至少试验两次，两次试验结果的差值不大于0.4%时，取其平均值作为试验结果。

六、精密度或允许差

重复性试验的允许差为0.4%；复现性试验的允许差为0.8%

附件七

水泥乳化沥青砂浆扩展度检验方法

一、试验仪器

（1）一块面积为(400 mm ± 2 mm) × (400 mm ± 2 mm)的玻璃流动扩散板。

（2）一个容纳新砂浆的管筒，管的内径为 50 mm ± 1 mm，高为 190 mm ± 2 mm，管筒用抗翘曲刚性塑料、不锈钢等制成并需具有光滑的内表面（如图 38 所示）。

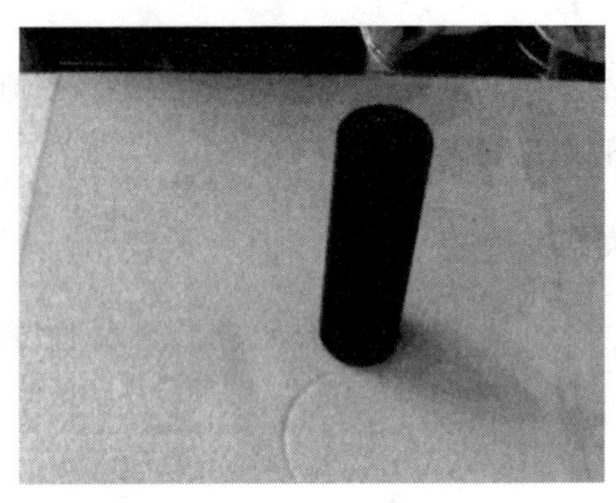

图 38

（3）折尺或游标卡尺。

二、试验步骤

（1）流动扩散板应放在固定的水平底座上。每次试验开始前，应将板的表面和管筒内表面用潮湿的抹布擦洗干净(无光泽微湿表面)。

(2) 将管筒竖立在流动扩散板中间，然后将垫层砂浆填入管内，直至管筒的上缘(如图 39 所示)。

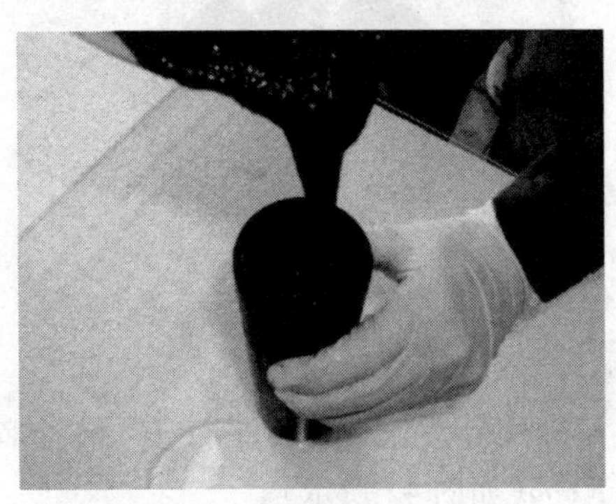

图　39

(3) 如果流动扩散板上有污垢应擦干净，并再次用湿布擦拭。

(4) 然后将该管筒迅速地垂直拉高 15 cm ± 2 cm，并在这一位置保持 10 s 后，将管筒放在一边(如图 40 和 41 所示)。

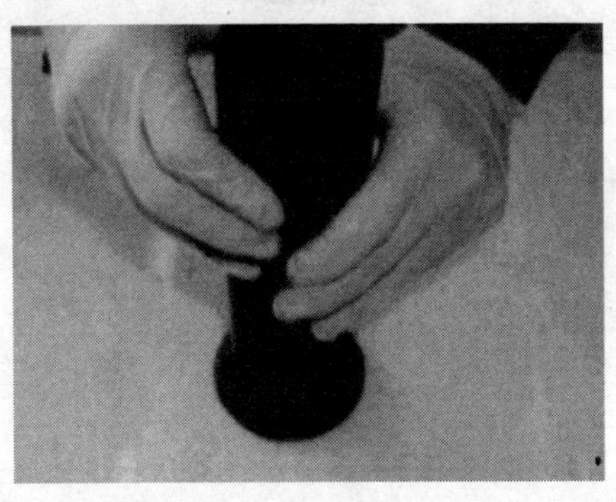

图　40

图 41

（5）在垫层砂浆停止流动后要平行于工作台面边缘测量其直径，精确到 5 mm（如图 42 所示）。

图 42

附件八

水泥乳化沥青砂浆
流动度检验方法

垫层砂浆的流动度是指一定数量的垫层砂浆在规定条件下通过一个漏斗(如图43所示)孔流出所需要的时间。

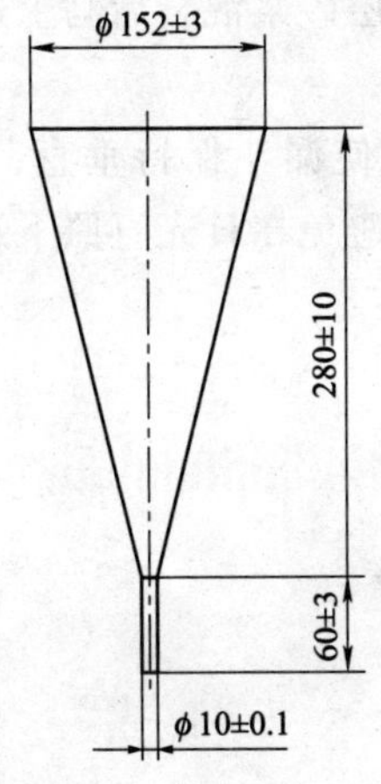

图43 流动度仪(单位:mm)

一、试验仪器

(1)流动度仪:漏斗必须坚固,并用同垫层砂浆不起反应的材料制成。漏斗的容量(除了圆锥体上端和下端之外)必须为1.71±10%。

(2)秒表、1.5L容器桶、塑料(金属)杯

二、试验步骤

（1）水平位置上置漏斗架，将流动仪放在漏斗架上，漏斗的轴线应垂直。漏斗的内表面必须擦拭干净，微湿润。

（2）手堵塞流出口，将1 L的垫层砂浆倒入漏斗。倒入时应缓慢而均匀以防止在垫层砂浆中形成气泡。达到1 L的液面后，放开漏斗下方浆液流出口，同时启动秒表，开始计时。测量拌和物在自重下流出1 L所需的时间，精确到0.5 s 。应进行两次试验，第一次试验应在垫层砂浆混合后马上进行，第二次试验则在混合后30 min进行。

（3）试验过程中应使漏斗保持垂直，避免颤动，避免拌和物中有结块混入漏斗，避免在日光直照下进行试验。

附件九

水泥乳化沥青砂浆含气量检验方法

一、试验仪器

（1）含气量试验仪(1 L)。

（2）洗瓶。

（3）刮刀。

（4）塑料(金属)杯。

二、试验方法

（1）容器的内侧应擦拭干净并使之微潮湿(如图 44 所示)。

（2）容器完全用垫层砂浆填满(如图 45 所示)，此时要注意垫层砂浆表面应当平滑。

（3）用刮平尺刮平突出的垫层砂浆，形成一个平坦的表面，并与容器上缘齐平封闭(如图 46 所示)。

（4）应将容器的外侧擦干和擦净，擦拭干净容器上边缘，并将含气量仪盖紧盖在容器上(如图 47 和 48 所示)。

（5）通过 A 阀用水将仪器盖罩下积存的空气排出(如图 49 所示)。

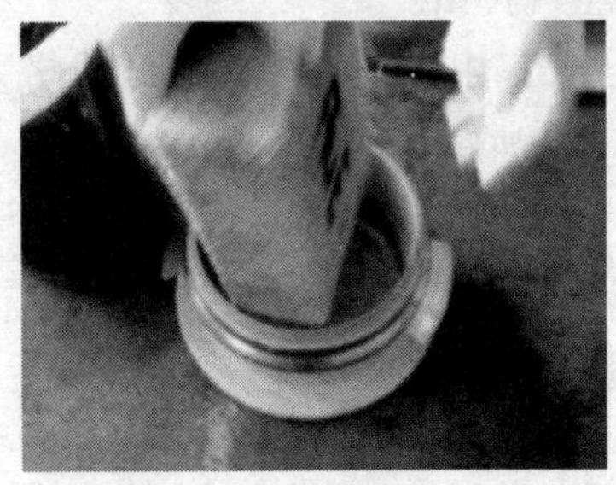

图 44　擦拭砂浆室

图 45　添加砂浆

图 46　刮平

图 47　擦拭边缘砂浆

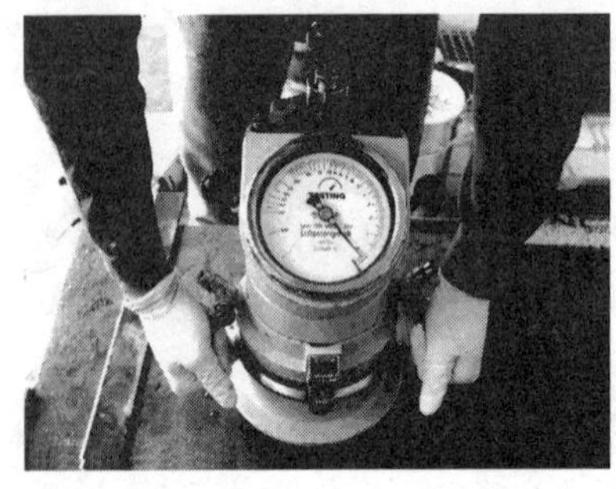

图 48　盖上含气量仪盖

图 49　注水排气

（6）此时 B 阀必须保持开启，直到砂浆表面上的全部空气排出为止。将容器稍微倾斜有利于空气排出。

（7）然后将空气泵入密封的空气室中，直到指针到红线格内为止。按黑键将指标调到 0（如图 50 所示）。

（8）然后应将 A 和 B 两个阀门关闭，按绿键，一旦压力达到均衡，便可从校准的气压表上读出空气量。此值应以 0.1% 的整数表示。

（9）每一砂浆试样的空气量应为两次单个测量的平均值，以 0.1% 的整数计算。假如两次单个测量的误差大于其平均值的

图 50　指针调零

10%，则应从剩下的部分试样中另外取两份试样重复该试验。在此情况下应使用这两个附加试样的单项值和平均值。

三、注意事项

（1）倒入砂浆时，可以稍高出容器，后用刮平尺刮平，从而保证足够的砂浆量。

（2）在盖上盖时，必须保证容器上边缘的干净，否则密封不住。

（3）在调零时不能按绿键，如误按，本次试验结束，重做。

（4）试验结束后，应先打开 A、B 键将容器中的压力释放后才能取下容器，或在做平行试验时，必须先打开 A、B 键将容器中的压力释放后才能继续打气，决不允许没有对容器放气就按黑键释放空气室压力，这样会造成砂浆向空气室倒流和含气量仪的损坏。

附件十

水泥乳化沥青砂浆膨胀量检验方法

本试验检测的目的是检测水泥乳化沥青砂浆的膨胀量，从而反映水泥乳化沥青砂浆垫层的膨胀量。

一、试验仪器

直径 50 mm，高 200 mm 的透明量筒。

二、试验步骤

将圆筒竖立在一个无冲击和无振动的表面上。量筒用垫层砂浆充填到一个高度(h)。在量筒充填后 24 h 测量其高度(h_2)，以得出体积的变化。

24 h 后体积的变化计算如下：

$$\frac{h_2 - h}{h} \times 100\%$$

式中　h——垫层砂浆的初始高度（mm）；

h_2——24 h 后垫层砂浆的高度（mm）。

附件十一

沥青与水泥的稳定性试验方法

一、试验目的

检测乳化沥青与水泥的相容性，是为了保证水泥乳化沥青砂浆的流动性。此检测项目是乳化沥青的一个主要检测项目，在确定乳化沥青和干料时，应进行检测。同时，要求厂家要提供生产干料时的原始水泥样品。

二、试验仪器

（1）烘箱：温度可设定在 40 ℃，并能保持恒温。

（2）流动度仪（如图 42 所示，见附件八）。

（3）可调速搅拌器。

（4）容器（1.5 L）。

（5）其他工具：秒表、温度计、量筒。

三、试验方法

为了检验水泥与乳化沥青的相容性，将 150 g 规定要使用的水泥和 75 g 水（水灰比 =0.5）搅拌成悬浮液。拌制好水泥和水的悬浮液后直接加入 125 g 的乳化沥青并搅拌成均匀的混合物。要测量搅拌开始到乳化沥青破碎的时间。破碎过程最早应在 30 min 后开始。破碎过程应理解为黏度的变化和粘结剂混合物颜色的明显变化。

四、试验步骤

（1）称取试样，水泥∶水∶沥青 =609∶304.5∶507.5。

（2）先将乳化沥青加入试拌容器中，在 100 r/min 的情况下，加水，转 10 s；加入水泥，随水泥的加入，将搅拌机转速慢慢提高至 300 r/min，一分钟加完。从加水泥时开始计时，搅拌两分钟结束。

（3）放入温度已调整到 40 ℃的烘箱中，4 h 后检测流动度。

（4）在检测前，要先观察试样的状态，是否凝结，如未凝结，可加以搅拌。用流动计检测：将试样加入流动计中，打开开关，开始计时，测量在 20 s 时的流出量应不小于 70 mL。

（5）记录试验结果，并清洁卫生。

附件十二

冻融试验方法—— CF/CDF 试验

一、原 理

此抗冻方法适用于在蒸馏水中冻融以测定混凝土的抗冻性能(CF)和在 3% 的氯化钠溶液中冻融以测定抗盐冻能力(CDF)。将边长 150 mm 的正方体试件分成两半待用，每块试块厚约 70 mm。测试时将测试表面，亦即和聚四氟乙烯板(特氟隆板)接触的混凝土表面向下(放置)。试块侧表面用带丁基橡胶层的铝制薄膜粘结或用无溶剂的环氧树脂进行密封，这样保证测试液体只能在测试表面被吸收。

一次冻融循环持续 12 h，这样每天进行两次循环。测试时借助冷却池来调节温度。在一定次数的冻融循环后可确定测试表面材料的剥蚀量。用 28 次冻融循环(CDF 试验)以及 56 次冻融循环(CF 试验)后获得的总量来评价抗剥蚀能力。

二、主要仪具和设备

(1) 试验容器：由不锈钢制成，顶部有盖，250 mm × 200 mm × 120 mm。底部有高(5 ± 0.1) mm 的三角垫条，试件与试验容器侧壁之间的空隙约为(30 ± 20) mm。

(2) 冻融试验机：每小时最大可升(降)温度不小于10 ℃，运转时冻融箱内各点之间的最大温差不得超过 1 ℃。试件冻融温度为 +20 ℃ ~ −20 ℃。温度循环控制如图 51 所示。

(3) 超声洗浴设备：功率 250 W，频率 35 kHz。

(4) 超声波测试仪：频率范围为 10 ~ 100 kHz。

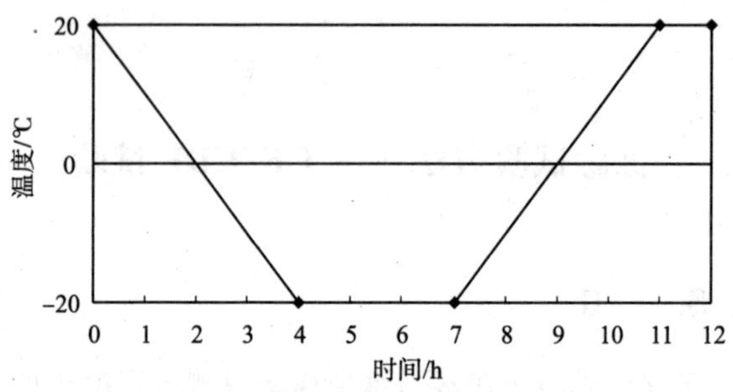

图 51　温度循环控制制度

（5）超声传播时间测量装置：有机玻璃制成，超声传感器安置在该装置两侧相对的位置上，离测试面 35 mm。

（6）烘箱：温度能恒定在 110 ℃ ±5 ℃。

（7）天平：量程 10 kg，分度值 0.1 g 。

三、试件成型、养护、准备

（1）在边长 150 mm 的立方体模具中间垂直插入一片 PTFE 片(Teflon 材料，PTFE 片尺寸约为 150 mm × 150 mm × 2 mm)，使试模均分为两部分。也可以将 PTFE 片垂直插入试模的两侧。

（2）将砂浆注入试模内，试件的养护见附件十五。

（3）7 d 后，将试件切割成 110 mm 高(将成型面切除)。如 PTFE 片位于试模两侧，从中再将试件切割。每块试件切割成 50 mm × 110 mm × 70 mm 试件两块。

（4）每组试件的数量不小于 5 个。

四、试验步骤

（1）在规定的试验龄期前 2 ~ 4 d，称取试件初始质量(W_0)，用硅橡胶或树脂密封试件的 4 个侧面，测试面(贴 PTFE

片面)及对应面不密封。

(2) 规定的试验龄期到达后，将试件放置于试验容器中，测试面向下。向容器中加水，使试件浸水高度为 10 mm ± 1 mm。盖上试验容器的盖子，进行试件饱水，饱水时间为 7 d，环境温度为 20 ℃ ±2 ℃。饱水期间应始终保持水面高度满足要求。

(3) 试件饱水完成后，进行试件的超声传播时间初始值 t_{cs} 测试，精确至 0.1 μs。

(4) 将称重、测试后的试件放入试验容器中，测试面向下。按步骤 (2) 进行水面调整。将装有试件的试验容器放置在冻融试验箱的托架上。

(5) 试件每隔 4 次循环做一次试件剥落量、试件吸水量和超声传播时间测定。

(6) 将试验容器从冻融试验箱中取出，放置于超声浴中，试件试验面朝下，超声浴 3 min。

(7) 将试件取出，用湿毛巾将试件侧面和上表面的水擦干净，称量试件的质量 W_n，精确至 0.1 g。

(8) 将超声洗浴剥落物收集，用滤纸过滤。过滤前先称量滤纸的质量 μ_f。将过滤后含有全部剥落物的滤纸置于 110 ℃ ±5 ℃的烘箱中烘干、冷却后称取滤纸和剥落物的总质量 μ_b，精确至 0.1 g。

(9) 超声传播时间测试：将试件置于不锈钢盘上一起放置在超声波测量装置中，测试面向下，一起放入超声传播时间测量装置中(如图 52 所示)。加入水作为耦合剂，水面高于探头中心 10 mm。打开超声波测试仪，选择合适频率，进行超声传播时间测试。测试过程中，应始终保持试件和耦合剂的温度在 20 ℃ ±5 ℃。

(10) 冻融达到以下几种情况之一即可停止试验：

①已达到 56 次循环；

②相对动弹模量下降到 60% 以下；

③剥落量达2 000 g/m^2。

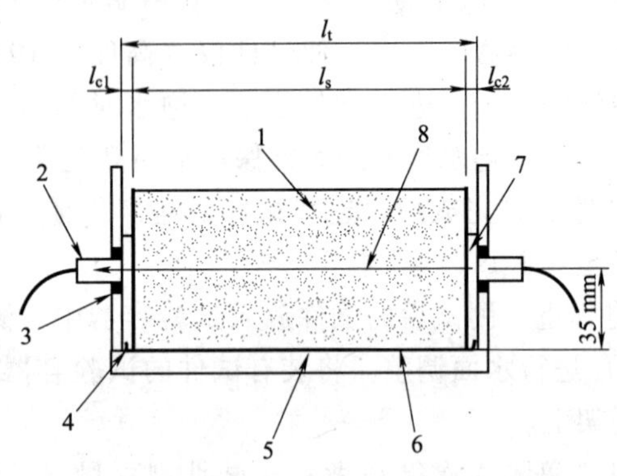

图52　超声传播时间测量装置

l_t—全部超声传播路径的总长；　l_s—试件超声传播路径的总长；

$l_{c1}+l_{c2}$—耦合剂中超声传播的长度；

1—试件；2—超声探头；3—密封层；4—不锈钢盘；

5—试验容器；6—试验表面；7—试验溶液；8—超声传播

五、结果与计算

1. 剥落量μ_s

$$\mu_s=\mu_b-\mu_f$$

式中　μ_s——剥落物的质量，精确至0.01 g；

μ_f——滤纸的质量，精确至0.01 g；

μ_b——干燥后滤纸+剥落物的总质量，精确到0.01 g。

n次循环后，每个试件单位面积上的剥落量m_n按下式计算（精确至1 g/m^2）：

$$m_n=(\sum\mu_s/A)\times10^6$$

式中　m_n——n次循环后，每个试件单位测试面上的总剥落量(g/m^2)；

μ_s——每次测试时得到的试件剥落量(g)，精确至0.01g；

A——试件试验面面积(mm^2)。

取5个试件单位面积上的剥落量的平均值作为每组试件单位面积上的剥落量，精确至1 g/m^2。

2. 相对动弹模量

超声波在耦合剂中的传播时间 t_c 按下式计算：

$$t_c = l_c / v_c$$

式中　l_c——耦合剂中超声波传播的长度，$l_c = l_{c1} + l_{c2}$（mm）；

v_c——超声波在耦合剂中传播的速度；

t_c——超声波在耦合剂中的传播时间（μs）。

经 n 次冻融循环后，试件的超声相对动弹模量 $R_{u,n}$ 按下式计算：

$$R_{u,n} = \tau_n^2 \times 100\%$$

$$\tau_n = (t_{cs} - t_c)/(t_n - t_c)$$

式中　τ_n——试件的超声相对传播时间；

n——冻融循环的次数；

t_{cs}——超声传播时间初始值（μs）；

t_n——经 n 次循环后超声波的传播时间（μs）。

取5个试件的平均值作为每组试件的超声相对动弹模量，计算至1%。

附件十三

水泥乳化沥青砂浆分离度试验方法

一、主要仪具和设备

（1）模具：尺寸 ϕ50 mm ×50 mm。
（2）天平：分度值 0.1 g。
（3）游标卡尺：分度值 0.02 mm。
（4）切割机。
（5）夹钳台等。

二、试验步骤

将砂浆注入 ϕ50 mm ×50 mm 试模，刮平。

用薄膜覆盖试件表面，将试件移入标养室养护，1 d 后脱模，继续在标养室养护至 7 d，然后移入温度 20 ℃ ±2 ℃、湿度 60% ±5% 养护室养护至 28 d。

在砂浆龄期至 28 d 时，将其分成上、下两等分，用静水天平测其单位容积质量。

三、结果与计算

按下式计算砂浆的分离度：

$$\text{材料分离度}(\%)=\frac{(\text{下部单位容积质量}-\text{上部单位容积质量})\times 0.5}{\text{上下部平均单位容积质量}}\times 100\%$$

以三个试件分离度的算术平均值作为该试样的分离度，精确至 0.1。

附件十四

水泥乳化沥青砂浆疲劳试验方法

一、主要仪具和设备

（1）试模：标准马歇尔试模。

（2）打磨机 。

（3）游标卡尺：分度值 0.02 mm。

（4）钢板：直径 100 mm 的钢板。

（5）疲劳试验机。

二、试件成型、养护、准备

（1）采用标准马歇尔试件，试件的成型、养护见附件十五，也可采用相同尺寸的钻芯取样试件。

（2）将试件两个平行面磨平。用游标卡尺对试件垂直直径、四个方向上高度进行测量，高度绝对值差最大 0.1 mm。

三、试验步骤

（1）将试件的上下表面均匀涂上润滑油；

（2）用 0.2 ~ 0.3 g 的硅树脂均匀涂在传力压板表面，再在其上加涂一层石墨片；

（3）将试件放在 20 ℃ 下最少 2.5 h，然后对中置于施荷设备上；

（4）开启试验机，进行试件疲劳试验，记录疲劳次数及试件残余变形值。试验基本荷载—时间曲线如图 53 所示。

其中，荷载应力下限 P_u = 0.025 N/mm²，荷载应力上限 P_0 =

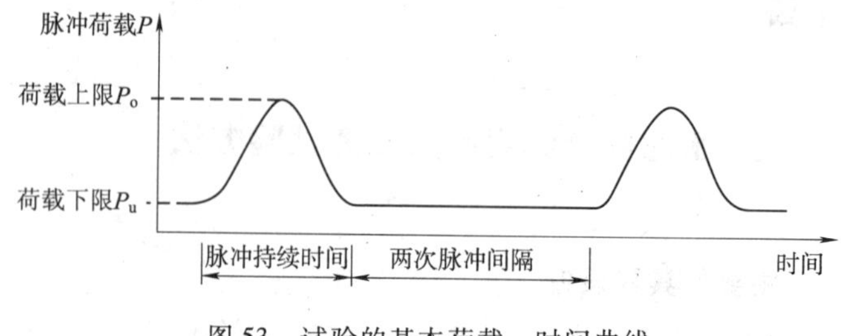

图 53　试验的基本荷载—时间曲线

0. 35 N/mm²；脉冲持续时间为 0. 2 s；两次脉冲的间隔为 1. 5 s。

注意：

（1）试验应在 20 ℃ ±2 ℃中进行。

（2）达到以下几种情况之一即可停止试验：

①循环次数大于 10 000 次。

②试件残余变形超过 0. 04 mm。

四、结果与计算

试验结果以三块试件的试验结果表示，如有一块不满足要求，应加倍试验。如仍有一块试件不满足要求，则判定不合格。

附件十五

水泥沥青砂浆力学性能试验方法

一、主要仪具和设备

（1）胶砂试模：40 mm × 40 mm × 160 mm。

（2）试模：100 mm × 100 mm × 300 mm。

（3）抗折强度试验机。

（4）压力试验机。

（5）刮平尺。

（6）游标卡尺：分度值 0.02 mm。

二、试验条件

应符合 GB/T 17671 中第 4 条相关规定。

三、试件成型、养护

（1）将水泥沥青砂浆注入试模内，用刮平尺刮平。

（2）用薄膜复盖试件表面，将试件移入标养室养护，1 d 后脱模，继续在标养室养护至 7 d，然后移入温度 20 ℃ ±2 ℃、湿度 60% ±5% 的养护室养护。

四、试验步骤

（1）水泥沥青砂浆的强度试验按 GB/T 17671 相关规定执行。抗压强度加荷速度为 50 ~ 500 N/s，以保证试件在 30 ~ 90 s 断裂即可。

（2）水泥沥青砂浆的弹性模量试验按 GB/T 50081 的相关规

定执行。

五、结果与计算

水泥沥青砂浆的强度按 GB/T 17671 的相关规定执行，水泥沥青砂浆的弹性模量按 GB/T 50081 的相关规定执行。